AI 전략 수업

홈페이지 | www.vegabooks.co.kr   **이메일** | info@vegabooks.co.kr
블로그 | http://blog.naver.com/vegabooks
인스타그램 | @vegabooks   **페이스북** | @VegaBooksCo

업무 혁신을 위한 맞춤형 지능

AI
전략 수업

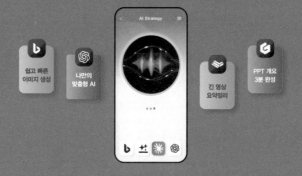

쉽고 빠른
이미지 생성

나만의
맞춤형 AI

긴 영상
요약정리

PPT 개요
3분 완성

김동석 지음

베가북스
VegaBooks

매달 빠져나가는 작은 결제가 삶의 방향을 바꾸고 있다. 이 책은 그 흐름 속에 '왜'라는 질문을 던진다. 구독과 AI, 그 안에 숨은 우리의 일과 삶을 다시 묻는다. 이 책은 단순한 기술 해설서가 아니다. 현장의 언어로 써 내려간, 불확실성 시대의 생존 보고서다. 기술을 두려워하지 않고, 인간을 중심에 두려는 시도가 반갑다. 이 책은 무엇을 구독할 것인가보다, 왜 구독하는가를 묻게 한다. 흐름에 휩쓸리지 않으면서, 나를 지키고 제대로 키워가고 싶은 분들에게 일독을 권한다.

김익한 교수(기록학자, 유튜브 「김교수의 세 가지」 운영)

목차

1장

판이 바뀌고 있다: AI 시대, 새로운 판의 시작

2장

AI 일상의 재편: 집과 일, 모두가 바뀐다

3장

AI 전략 수업:
AI 도구와 업무 혁신

4장

AI 전략 활용:
조직의 AI 혁신

5장

AI 전략 심화:
챗GPT로 나만의 AI 비서 만들기

6장

AI 전략 포트폴리오:
성공하는 구독 전략

프롤로그

AI,
선택이 아니라 필수다

"3일 걸리던 일을 3시간 만에 끝냈다고요?"

2025년의 평범한 월요일 아침, 사무실 풍경은 이전과 다르다. 누군가는 책상 앞에 앉자마자 AI가 준비해둔 일일 업무 보고서를 점검하고, 오늘의 전략을 고민하기 시작한다. 또 다른 누군가는 여전히 검색창을 열고 수많은 웹페이지를 오가며 자료를 모으느라 바쁘다. 이 두 사람의 차이는 하루하루 눈덩이처럼 커져간다.

"당신은 어느 쪽인가?"

사실, 당신의 경쟁자는 더 이상 옆자리 동료가 아니다. 이미 수많은 사람들은 AI를 구독하여 하루의 절반 이상을 AI와 함께 일하고 있다. 이들에게 AI는 단순한 도구가 아니다. 자신의 한계를 확장해주는 강력한 동반자다. 한 중견기업 마케팅 담당자는 이렇게 말한다.

> "엄마, 오늘 영어 숙제 있는데 모르는 게 있어요."
> "이번 프로젝트에 새로운 프로그래밍 언어를 써야 하는데,
> 어디서부터 시작해야 할지 모르겠네요."

AI 시대의 선택은 두 가지밖에 없다. AI를 활용하는 사람이 될 것인가, AI를 활용할 줄 아는 사람에게 일자리를 빼앗기는 사람이 될 것인가. 사실, 당신의 경쟁자는 더 이상 바로 옆자리 동료가 아니다. 당신의 진짜 경쟁자는 이미 AI와 계약을 완료한 사람들이다. 이들은 AI를 단순한 도구로 여기지 않는다. 오히려 자신의 능력을 몇 배로 확장해주는 필수 파트너로 받아들인다.

> "당신은 어느 쪽인가?"

이 책을 펼친 지금, 당신 앞엔 두 가지 길이 놓여 있다. AI를 적극 활용하여 3일 걸리던 업무를 3시간 만에 끝내는 사람. 아니면 AI 없이 업무에 허덕이며 점점 더 뒤처지는 사람. 냉정히 말하면, 이 선택의 기회조차 이제는 얼마 남지 않았다.

하지만 걱정할 필요 없다. 이 책이 AI를 처음 접하는 초보자부터, 더 높은 수준의 AI 활용법을 찾는 사람까지 모두를 위한 길잡이가 되어줄 것이기 때문이다. 지금 당신이 이 책을 펼친 순간, 당신의 미래 경쟁력은 이미 상승하고 있다.

자, 이제 AI와 함께 새로운 시대의 승자가 되는 여정을 떠나보자.

1장

판이 바뀌고 있다:
AI 시대, 새로운 판의 시작

판의 이동기:
변화의 경계에 선 우리

    우리는 지금 판이 이동하는 시대에 살고 있다. 기술의 지형이 바뀌고, 일하는 방식이 바뀌며, 일과 삶의 기준이 새롭게 재정의되는 시기다. 익숙한 판에서 다음 판으로의 이동은 늘 두려움과 저항을 동반한다. 대부분의 사람들은 기존의 룰과 질서가 익숙하고 안정적이기에 변화 앞에서 망설이기 쉽다. 그러나 판의 이동은 선택의 문제가 아니다. 이미 진행되고 있는 현실이며, 이 흐름에 어떻게 대응하느냐가 각 개인과 조직의 미래를 결정짓게 된다.

    'AI 시대'는 단순히 한 기술이 발전한 단계를 의미하지 않는다. 이는 우리가 일을 배우고, 정보를 얻고, 문제를 해결하고, 가치를 창출하는 방식 자체가 바뀌는 거대한 전환점을 뜻한다. 과거의 전환점이 농업에서 산업으로, 산업에서 정보로 이동했다면, 지금은 정보에서 '지능'으로 넘어가는 순간이다. 이른바 '지능의 도구화'가 가능한 시대가 시작된 것이다.

    기술의 발전은 언제나 판을 뒤흔들었다. 증기기관은 노동의 개념을 바꾸었고, 전기는 산업을 재편했다. 컴퓨터와 인터넷은 정보의 비대칭을

무너뜨리며 소수의 전유물이던 지식을 대중의 손에 넘겨주었다.

그리고 이제, 생성형 AI는 '생산과 창조'의 구조 자체를 바꾸고 있다. 사람의 손과 뇌로 해야 했던 많은 일들이 이제는 텍스트 한 줄, 이미지 한 장, 음성 명령 하나로 실현 가능한 시대가 됐다.

그러나 이런 변화의 흐름 앞에서 많은 사람들은 여전히 '나는 괜찮아, 이건 나와 상관없는 일이야'라고 생각한다. 이것이 바로 변화의 경계에서 흔히 보이는 모습이다. 기술은 빠르게 진화하고 있지만, 사람은 쉽게 움직이지 않는다. 변화의 속도보다 느린 적응력은 종종 기회를 놓치게 만든다.

변화의 경계에 선 사람들은 두 부류로 나뉜다. 하나는 기존의 익숙함 속에 안주하며 변화의 물결을 외면하는 이들이고, 다른 하나는 흐름의 방향을 감지하고 그 경계를 넘어 새로운 판으로 도전하는 이들이다. 그리고 늘 기회는 두 번째 부류, 즉 '먼저 움직이는 자'에게 주어진다.

우리는 판이 이동하는 진동을 이미 일상에서 느끼고 있다. 기업의 업무 방식이 달라지고, 아이들의 학습 방식이 바뀌고 있다. 회사에서는 AI를 활용한 보고서 요약, 회의록 자동 정리, 기획안 초안 생성 등이 현실이 되었고, 교실에서는 학생들이 챗GPT와 대화를 통해 탐구 주제를 정하고, 클로드(Claude)를 활용해 에세이를 정리하는 것이 낯설지 않다.

이러한 변화는 '새로운 판'이 이미 시작되었다는 것을 보여준다. 중요한 것은 이 흐름에 탑승할 준비가 되어 있는가, 아니면 여전히 옛 판에 머물러 있는가이다. 과거에는 '이런 도구는 전문가만 다룰 수 있어'라고 말하던 시대였다. 하지만 지금은 그렇지 않다. 기술의 문턱은 급격히 낮아졌고, AI 도구들은 이제 마우스 클릭 몇 번, 자연어 몇 줄로 누구나 활용할 수 있는 '범용화된 도구'가 되었다.

그래서 이 변화는 선택이 아니라 생존의 문제다. 기술은 한 번도 멈춘

적이 없고, 그에 적응하지 못한 개인과 기업은 언제나 뒤처졌다. 반면에 새로운 기술을 먼저 받아들이고, 그것을 자기만의 방식으로 익히고 활용한 이들은 시대의 변화를 이끄는 선도자가 되었다.

지금도 여전히 많은 사람들이 묻는다. "이걸 배워야 하나요?", "AI 도구를 꼭 써야 하나요?" 대답은 명확하다. 이미 중학생, 고등학생들도 AI를 활용해 과제를 하고, 정보를 탐색하고, 콘텐트를 만든다. 한 세대 아래가 먼저 AI의 언어로 말하고, 학습하고, 창조하기 시작한 것이다. 판의 이동은 그렇게 조용하지만 확실하게 진행 중이다.

당신이 이 책을 펼친 순간, 당신은 이미 그 경계에 서 있다. 이제 남은 것은 질문이다. "나는 이 새로운 판에 올라탈 것인가?" 아니면 "그저 지켜볼 것인가?"

지금 이 순간은 선택의 시간이다. AI를 단순한 유행으로 볼 것인지, 아니면 나의 경쟁력과 역량을 확장시키는 '증폭기'로 삼을 것인지. 이 책은 그 첫걸음을 어떻게 디딜 수 있을지를 알려주는 지침서가 될 것이다. 판의 이동기. 그것은 바로 지금이다.

AI의 활용법을
아는 게 중요하다

한때는 특별한 사람만 사용할 수 있는 도구들이 있었다. 프로그래머만 다루던 컴퓨터, 디자이너만 만지던 그래픽 소프트웨어, 전문가들만 쓰던 통계 프로그램 등. 그러나 시대는 달라졌다. 도구는 점점 더 똑똑해졌고, 동시에 더 쉬워졌다. 그리고 지금, 우리는 '도구의 범용화'라는 거대한 흐름 속에 있다.

이제는 누구나 워드로 문서를 쓰고, 엑셀로 데이터를 정리하며, 파워포인트로 발표 자료를 만든다. 한때는 자격증이 필요하던 기술이 이제는 기본 소양이 되었다. 왜일까? 도구가 진화하면서 진입 장벽이 낮아졌기 때문이다. 그리고 같은 일이 지금, AI 도구에서도 똑같이 일어나고 있다.

한번 상상해보자. 누군가 관련 지식이 전혀 없는 우리에게 "이 공간을 3D로 표현해보세요!"라고 말한다면 어떤 반응을 보이겠는가? 아마 과거라면 "그건 전문가 영역 아닌가요?", "툴을 다뤄본 적이 없는데요?"라고 대답했을 것이다. 하지만 지금은 다르다. 스마트폰으로 공간을 찍고, 생성형 AI에 간단한 명령어만 입력하면 수 초 만에 3D 공간과 객체가 눈앞에 구현된다. 기술은 더 이상 복잡하지 않다. 오히려 점점 '직관'에 가까워지고 있다.

우리는 지금, 누구나 창작자이고, 누구나 기획자가 될 수 있는 시대에 살고 있다. 더 이상 전문가만 무언가를 만들 수 있는 시대가 아니다. 중요한 건 아이디어와 질문, 그리고 그것을 AI 도구와 함께 풀어보려는 '의지'다.

공상과학 영화의 고전인 『2001: 스페이스 오디세이』를 쓴 아서 C. 클라크는 이렇게 말했다.

> **"충분히 발전한 과학 기술은 마법과 구분되지 않는다."**

처음엔 마술 같았던 기술들이, 시간이 지나면 일상이 된다. 인터넷, 스마트폰, 클라우드, 온라인 회의, 음성인식 등 이 모든 것들이 그랬다. 그리고 지금, 생성형 AI도 같은 길을 걷고 있다. 처음 챗GPT나 클로드를 접했을 때의 놀라움은 이제 '당연함'으로 바뀌고 있다. 중요한 건, 당신이 이 변화의 흐름에 언제 올라타느냐는 것이다.

강의 현장에서 만난 혹자는 지금도 이렇게 말한다.

> **"나는 아직 AI가 익숙하지 않아요."**
> **"그건 IT 잘하는 사람이나 하는 거잖아요."**
> **"나는 굳이 지금 안 해도 돼요."**

그러나 이미 중학생, 고등학생들이 AI와 대화를 나누며 과제를 해결하고 있다. 그들은 챗GPT에게 질문하고, 미드저니(Midjourney)로 창작물을 만들고, 유튜브 요약을 AI에 맡긴다. AI는 그들의 또 다른 '손'이자 '머리'가 되고 있다. 기술의 범용화는 조용하지만 빠르게 진행된다. 그리고 범용화된 기술은 다음 질문을 던진다.

"충분히 발전한 과학 기술은 마법과 구분되지 않는다."

지금은 '잘 만든 사람'보다 '잘 사용하는 사람'이 더 월등한 결과를 만든다. 같은 도구를 가지고도 누군가는 하루에 두 배의 일을 해내고, 누군가는 한 문장도 쓰지 못한다.

이 차이를 만드는 것은 '접근권'이 아니라 '활용력'이다. AI를 다룰 줄 안다는 것은, 이제 하나의 선택이 아니라 경쟁력의 기준이 되어가고 있다. 기술은 늘 진보하지만, 모두가 그 혜택을 동등하게 누리지는 않는다. 도구의 범용화는 가능성을 열어주지만, 그 가능성을 현실로 만드는 것은 개인의 실행력이다.

도구가 모두에게 열렸다는 사실은 기회의 문이 열린 것과 같다. 하지만 그 문을 통과하는 사람만이 새로운 세상을 경험한다. 그래서 우리는 AI를 도구로 인식해야 한다. 거창한 기술이 아니라, 내 업무와 일상을 바꾸는 실용적인 파트너로서 말이다. 내가 매일 쓰는 엑셀처럼, 회의 때마다 여는 파워포인트처럼, AI도 일상적인 도구로 자리 잡아야 한다.

이 책은 그 여정의 시작을 함께할 수 있도록 돕기 위해 쓰였다. AI는 어느 날 갑자기 우리 곁에 등장한 것이 아니다. 우리는 이미 그 흐름 속에 살고 있었고, 이제는 선택의 시간이 다가왔다. 당신은 AI를 알고만 있을 것인가, 아니면 AI를 실제로 활용할 것인가?

기회는
'판이 움직일 때' 온다

변화는 언제나 불편하다. 지금껏 익숙하게 해오던 방식을 내려놓고, 새롭게 배워야 하고, 다시 적응해야 한다. 그렇기 때문에 대부분은 움직이지 않는다. 익숙한 것을 붙잡고, 불편한 것을 회피하며, 조금만 더 기다려보자고 말한다.

하지만 역설적이게도 진짜 기회는 바로 그 불편한 시기, 판이 움직이는 순간에 찾아온다. 모두가 조심스럽고 망설일 때, 먼저 움직인 사람은 판 위의 '주도권'을 잡는다. 그리고 기술의 변화 앞에서 그것을 '기회'로 인식하느냐, '두려움'으로 인식하느냐가 개인의 미래를 가른다.

돌이켜보면, 우리가 지금 당연하게 사용하는 도구들 역시 모두 '판이 이동할 때' 등장한 것들이다. 인터넷이 처음 나왔을 때, 검색 엔진을 자유자재로 활용한 사람이 정보의 격차를 만들었고, 스마트폰이 보급되었을 때, 모바일 앱과 SNS를 먼저 활용한 기업과 개인은 더 많은 성과를 만들고 더 큰 영향력을 끼칠 수 있었다.

이와 똑같은 일이 지금, 생성형 AI를 중심으로 반복되고 있다. 단순히 새로운 기술을 '구경만' 하는 사람과, 직접 써보며 '활용'하는 사람의 차이는 단기간에는 보이지 않지만, 몇 달, 몇 년이 지나면 실력, 결과물, 효율성, 존재감의 모든 면에서 큰 격차로 드러난다. 결국, AI를 언제, 얼마나 빠르게 활용하느냐가 개인과 기업의 성패를 좌우하게 된다.

이런 비유를 떠올려보자.

친구가 "서울에서 부산까지 기차와 달리기 시합을 한다"며 열심히 달리기 연습을 하고 있다면 어떤 생각이 들까? 물론 노력하는 모습은 존중할 만하다. 하지만 아무리 빨리 달린다 해도 기차를 이길 수는 없다. 조금 더 현명한 사람이라면, 그 시간에 기차표를 예매하고 기차 안에서 다음 할 일을 준비할 것이다.

AI는 바로 그런 '기차' 같은 도구다. 그리고 지금, 우리는 모두 그 기차를 마주한 '플랫폼'에 서 있다. 어떤 사람은 기차에 올라타고, 어떤 사람은 여전히 플랫폼에서 구경만 한다. 그러나 시간이 흐르면, 이 선택은 단순한 차이를 넘어서 경쟁력의 단절을 만들어낸다.

기회는 바로 지금, 판이 움직일 때 등장한다. 기차가 플랫폼에 들어온 순간, 탑승하는 사람과 망설이는 사람 사이에는 결정적인 격차가 생긴다. 지금 이 AI라는 기차에 먼저 올라탄 사람은 단지 '빠르게 이동'하는 것이 아니라, 한 세대 앞선 미래에 도달하는 사람이 된다.

물론 AI를 처음 접하는 사람에게는 모든 것이 낯설고, 어렵게 느껴질 수 있다. 너무나도 다양한 도구들이 있고, 이름도 어려워 보이고, 기능도 많고, 용어도 생소하다. 그래서 많은 이들이 '아직은 내게 먼 이야기'라고 느낀다.

그러나 이건 '할 수 있느냐'의 문제가 아니다. '써보느냐'의 문제다. AI 도구는 써본 만큼 익숙해진다. 익숙해지면 더 쉽고 다양한 활용법이 보이고 그것은 결국 나만의 경쟁력이 된다.

기술의 진화는 멈추지 않는다. 하지만 그 기술을 활용할 수 있는 사람은 점점 갈린다. 과거에는 다양한 루트로 정보에 접근하는 것 자체가 경쟁력이었지만, 이제는 AI 도구를 활용해 '어떻게 질문하고', '어떻게 실행하는가'가 진짜 실력이 된다.

AI는 이제 단순한 유행이 아니다. 그것은 당신의 능력을 증폭시키는 도구이며, 경쟁력을 선점하는 발판이다.

기회는 언제나 조용히 온다. 그러나 그 기회를 잡는 사람은 언제나 먼저 움직인 사람이다. 그리고 바로 지금, 당신 앞에 그 기회가 서 있다.

기차가 도착했다.

당신은 지금, 무엇을 할 것인가?

AI는
마법사가 아니라 증폭기다

"앞으로 AI가 모든 걸 다 해주는 거 아닌가요?"
"AI가 내 일자리까지 대체할까 봐 무서워요."

AI에 대한 이야기만 나오면 많은 사람들이 이렇게 말한다. 어떤 사람은 AI를 마치 만능 해결사처럼 기대하고, 또 어떤 사람은 AI가 자신의 자리를 빼앗을까 봐 불안해한다. 하지만 그 둘 모두, AI의 본질을 오해하고 있다.

AI는 마법사가 아니다. 어느 날 갑자기 완벽한 기획안을 써주고, 세상의 모든 문제를 해결해주는 존재가 아니다. AI는 당신이 가진 능력을 더 멀리, 더 빠르게, 더 효율적으로 확장시켜주는 '증폭기'에 가깝다.

예를 들어보자. 당신이 1시간 동안 할 수 있는 글쓰기 작업이 있다면, AI는 그 1시간을 3배, 5배의 효율로 만들어줄 수 있다. 하지만 그건 어디까지나 당신이 써야 할 주제, 방향, 질문, 판단 기준을 제공했을 때의 이야기다.

생성형 AI는 주인이 필요하다. 스스로 방향을 설정하지 않고, 스스로 문제를 정의하지 않으며, 스스로 목표를 설정하지 않는다. 당신이 명확한 질문을 던지고, 요구를 구체화하고, 기준을 제시했을 때 AI는 그 요청을 수십 배의 속도로, 다양한 방식으로 실행해주는 도구가 된다.

바로 그 지점에서, 우리는 AI를 '증폭기'라고 부르는 것이다. 만약 평소에 기획안을 잘 짜던 사람이 AI를 쓴다면, 더 많은 기획안을 더 빠르게 작성할 수 있다. 반면 기획 능력이 부족한 사람이 AI에 기획을 맡긴다면, AI는 수십 개의 아이디어를 던져줄 순 있어도, 그중 어떤 것이 가치 있는지 판단하지 못해 결국 방향을 잃고 만다. 즉 AI는 나의 '기본기'를 기준삼아 성능을 확대해주는 역할을 할 뿐, 그 자체로 독립적인 해결사는 아니다.

이 점에서 우리는 AI를 다루는 관점을 바꿔야 한다. 그저 기대하거나 무서워할 대상이 아니라, '활용 가능한 도구'로 받아들이고, 실제로 써보며 익혀야 할 존재로 인식해야 한다.

예전에도 그랬다. 엑셀이 처음 나왔을 때, 많은 사람들은 "이건 복잡한 계산을 하는 전문가나 회계사만 쓰는 툴이야"라고 생각했다. 하지만 지금은 엑셀을 사용할 줄 모르면 업무에 필요한 기본적인 계산이나 자료 정리가 무척 어려워질 것이다. 파워포인트 역시 한때는 디자이너의 영역으로 여겨졌지만, 지금은 누구나 발표 자료를 직접 만들고 다듬는 시대가 됐다.

AI도 같은 길을 걷고 있다. 지금은 AI가 어렵고 복잡해 보일지 몰라도, 조금만 써보면 의외로 직관적이고, 생각 이상으로 강력하다는 걸 금방 알게 된다. 그렇게 익숙해지는 사람과, 여전히 외면하는 사람 사이의 간극은 점점 벌어질 것이다.

그리고 중요한 사실 하나. AI는 기존의 경쟁력을 대체하지 않는다. AI는 기존의 경쟁력을 가진 사람의 성능을 배가시킨다. 당신이 더 나은 질문을 던질 수 있다면, AI는 더 정확한 답을 줄 것이다. 당신이 문제를 명확하게 정의할 수 있다면, AI는 더 다양한 해결책을 제안할 것이다. 그리고 당신이 판단할 수 있다면, AI는 수십 개의 선택지를 빠르게 가공해서 건네줄 것이다.

AI는 마법이 아니다. 하지만 마법처럼 보이게 하는 건, 바로 '활용하는 사람의 능력'이다. 우리는 이제 단순히 AI를 '쓸 수 있는가'의 문제가 아니라, AI와 함께 '무엇을 할 수 있는가'라는 질문을 던져야 할 시점에 와 있다.

AI에
올라타야 하는 이유

지금 이 순간에도 많은 사람들이 마음속으로 이런 생각을 되뇌고 있을 것이다.

"지금이 아니면 늦는다."

이 질문에 대한 대답은 단순하고 분명하다.

'AI가 대단하다는 건 알겠어. 그런데 내가 지금 꼭 이걸 배워야 할까?
굳이 지금부터 시간을 들여 AI를 써야 할 이유가 있을까?'

기술은 천천히 발전하지만, 기술을 활용하는 사람들 간의 격차는 갑작스럽게 벌어진다. 현장에서 AI에 대한 변화를 지켜보니 이전의 기술 발전과 방향은 비슷하면서도 특별한 점이 있다. AI로 인하여 발생한 이 격차는 시간이 흐른다고 저절로 좁혀지지 않는다는 점이다. 그 격차는 오히려 더 벌어지고, 회복하기 더 어려워진다. 왜냐하면 AI를 꾸준히 써온 사람들은 이미 반복 학습과 실전 활용을 통해 자신만의 '업무 시스템'을 갖추게 되기 때문이다. 이 지점에서 중요한 개념 하나가 등장한다. 바로 'AI 구독자'와 '비구독자' 간의 차이다.

우리는 이제 프로그램을 '소유'하는 시대에서, 기술과 경험을 '구독'하는 시대로 넘어왔다. 챗GPT, 클로드, 미드저니 같은 생성형 AI 도구들은 대부분 월 구독 방식으로 운영된다. 그리고 이 도구들을 구독하며 실제 업무나 일상에 적용하는 사람들은 매달 새로운 기능, 새로운 사례, 새로운 실험을 직접 경험하고 있다.

반면 AI 도구를 구경만 하고 있는 사람들은 언론 기사나 유튜브 리뷰로만 트렌드를 접한다. 같은 시대를 살고 있지만, 실제로는 전혀 다른 '판' 위에 서 있는 셈이다. AI를 구독하고 경험한 사람들은 점점 일하는 방식이 바뀌고, 사고의 구조가 변하며, 성취하는 속도와 결과의 질이 달라진다. 이런 변화는 단순히 업무 속도의 문제가 아니다. AI는 당신의 아이디어를 더 빠르게 구체화하고, 당신의 언어를 더 명확하게 다듬고, 당신의 전략을 더 탄탄하게 설계할 수 있도록 도와주는 '지적 근력 강화 장비'가 된다.

직장인A는 보고서 작성 시간을 AI 도구로 50% 이상 줄일 수 있었고, 프리랜서B는 AI를 활용해 하루 세 건의 콘텐츠를 만들어내며 부업 수익을 만들 수 있었다. 또 교사C는 챗GPT를 수업 조력자로 활용하며, 학생과의 대화 방식 자체를 바꿀 수 있었다. 누군가에게는 그저 '한 달 몇만 원짜리 도구'지만, 누군가에게는 삶을 바꾸는 새로운 시스템이 되고 있는 것이다.

그렇다면 질문은 하나로 압축된다.

"언제 이 판에 올라탈 것인가?"

이제 AI는 더 이상 선택이 아니다. 생존과 성장을 위해 필요한 기반 도구다.

"아! 이거구나."

이 책은 AI 기술을 설명하는 데 그치지 않는다. 당신이 지금, 당장 AI를 활용할 수 있도록 돕는 실전 가이드다. 실제로 어떤 AI 도구들이 있으며, 그 도구를 어떤 방식으로 활용할 수 있는지를 현실적인 예시, 실전 상황, 직군별 사례로 풀어낼 것이다.

AI는 거창한 도약이 아니라, 작은 시도에서 시작된다. 메일을 정리하고, 회의록을 정리하고, 아이디어를 정리하는 데 AI를 단 한 번만 써보면 우리는 깨닫게 된다.

이런 작은 경험이 반복될수록, 1년 뒤 당신은 지금과 전혀 다른 퍼포먼스를 내고 있을 것이다. 기회는 지금 눈앞에 있다. 당신은 이 판의 바깥에서 구경만 할 것인가, 아니면 안으로 들어가, 스스로 판을 바꾸는 사람이 될 것인가?

다음 판으로 들어서는 문:
AI 구독과 활용

여기까지 함께 걸어온 여정을 돌아보면, 한 가지 사실이 또렷하게 떠오른다. 우리는 지금, AI라는 새로운 도구를 마주한 것이 아니라, 완전히 다른 세계로 진입하는 초입에 서 있다. 이전까지는 기술이 업무의 효율을 높이는 수단이었다면, 이제 AI는 일하는 방식 그 자체를 바꾸고 있다. 그리고 단지 일뿐만 아니라, 삶의 구조까지 바꿔가고 있다.

기술은 도구다. 하지만 그 도구가 널리 퍼지고, 일상에 깊이 스며들기 시작하면 그 순간부터는 단순한 기능의 문제가 아니라 '삶의 방식'이 된다. 2025년, 우리는 그런 시대를 살아가고 있다.

우리가 아침에 눈을 뜨면 가장 먼저 하는 일이 무엇인가? 출근길 교통예보, 오늘 날씨, 회의 스케줄 확인, 뉴스 요약 등. 이 모든 정보를 우리는 더 이상 검색으로 얻지 않는다. 이제는 AI가 요약해주고, 정리해주고, 제안해준다.

퇴근 후에도 마찬가지다. 넷플릭스, 유튜브, 웨이브, 티빙, 왓챠 등 당신이 구독하는 모든 콘텐트 플랫폼에는 AI 추천 엔진이 들어가 있다. 알고 보면 우리는 이미 AI가 일상이 된 삶을 살고 있었던 것이다. 그렇다면 왜 우리 주변에는 여전히 'AI와 거리감을 느끼는 사람'이 많은 걸까? 이유는 하나다. 'AI는 특별한 사람만 쓰는 기술'이라는 오해 때문이다.

하지만 앞서 본 것처럼, AI는 점점 더 직관적이고, 친숙하며, 일상적인 도구로 진화하고 있다. 이제 중요한 건, 그 AI를 '내가 활용할 도구'로 인식하고 어떻게 'AI를 주도적으로 활용하는가'에 달렸다. AI를 단순히 자동화 도구, 텍스트 생성기, 요약 툴로만 바라봐서는 안 된다.

AI는 '당신에 대해 배우고, 당신을 이해하는 비서'로 발전하고 있다. 당신이 일하는 방식과 생각하는 패턴을 읽고, 그에 맞춰 반응하고 제안하는 맞춤형 파트너가 되어가는 중이다. 그리고 그 중심에 있는 것이 바로 AI 구독 서비스다. 이제는 'AI를 쓰는 사람'과 'AI를 쓰지 않는 사람'이라는 단순한 구분을 넘어, AI를 얼마나 '일상적으로 활용하느냐'에 따라 퍼포먼스의 격차가 커지는 시대다.

직장에서는 업무 효율성이, 가정에서는 삶의 여유가, 그리고 자녀 교육에서는 미래 경쟁력이 달라진다. 당신이 어떤 사람인지, 어떤 업무 패턴을 갖고 있는지, AI는 당신의 사용 데이터를 통해 학습하고, 당신이 말하지 않아도 필요한 것을 제안하고 준비하는 수준까지 나아가고 있다.

예를 들어 이런 상황을 떠올려보자. 업무 회의가 예상보다 길어지고 있는 오후 6시 30분, 갑자기 AI 비서가 이렇게 묻는다. "오늘 회의가 길어질 것 같네요. 가족들에게 저녁 식사가 늦어진다고 연락할까요?"

이것은 공상과학이 아니다. 지금도 가능한 현실이며, 앞으로는 더욱 자연스러워질 일상이다. 그렇기에 우리는 이제 AI 구독자와 비구독자라는 단순한 '기술 이용 여부'의 구분을 넘어, 일을 대하는 태도와 삶을 설계하는 방식의 차이로 이 흐름을 바라보아야 한다.

또 하나 놓치지 말아야 할 점은, 이 변화가 우리 세대에서 끝나지 않는다는 것이다. 우리 아이들이 살아갈 세상은, 단순히 정답을 아는 것만으로는 부족한 시대가 될 것이다. AI와 협업할 수 있는 능력, AI에 질문을 잘 던지고, 적절히 활용할 줄 아는 능력, 바로 그 능력이 새로운 '기본기'가 된다. AI를 일상에서 자연스럽게 사용하는 아이와 AI를 낯설고 어려운 존재로 여기는 아이 사이의 격차는 생각보다 훨씬 빠르게, 그리고 훨씬 깊게 벌어질 것이다.

이제부터 당신은 협업 속도를 끌어올리는 다양한 생성형 AI 구독 도구들과 마주하게 될 것이다. 챗GPT로 대화를 적고, 클로드로 문서를 정리하고, 감마 AI로 PPT 초안을 만들고, 릴리스로 요약정리를 하다 보면 어떻게 AI를 활용해야 할지 저절로 감이 잡힐 것이다.

단순히 일하는 방식의 변화가 아닌 생각이 확장되는 일상의 변화를 이 책과 함께 경험해보자.

2장

AI 일상의 재편: 집과 일, 모두가 바뀐다

유기적으로 연결되는 AI: 가정과 직장의 새로운 시스템

우리의 일상이 크게 변화하고 있다. 아침에 일어나 출근길에 오르는 순간부터, 회사에서 업무를 처리하고, 저녁에 가족과 시간을 보내는 순간까지, AI 구독 서비스는 더 이상 선택이 아닌 필수가 되어가고 있다. 혹시 아직도 이렇게 생각하는가?

"우리는 아직 AI와는 거리가 멀어요!"

하지만 잠시 멈춰 서서 주변을 둘러보자. 아침에 최적의 출근 경로를 추천해주는 내비게이션, 업무용 문서를 자동으로 요약해주는 회사의 업무 도구, 퇴근 후 가족들과 함께 보는 넷플릭스의 맞춤형 추천 콘텐트까지. 우리는 이미 AI와 함께 살아가고 있다.

특히 주목할 점은 이러한 AI 서비스들이 개별적으로 존재하는 것이 아니라, 하나의 유기적인 시스템으로 발전하고 있다는 것이다. 예를 들어, 회사에서 사용하는 AI 업무 도구가 나의 업무 패턴을 학습해 집에서 사용하는 AI 비서와 자연스럽게 연동된다. 그러다 보면 AI의 이런 섬세한 제안을 받는 날도 올지 모른다.

> "오늘 회의가 길어질 것 같네요.
> 가족들에게 저녁 식사가 늦어진다고 알려드릴까요?"

이제 우리는 'AI 구독자'와 '비구독자'로 나뉘는 새로운 시대의 기로에 서 있다. 하지만 이는 단순히 기술의 차이가 아니다. 어떻게 하면 AI를 더 현명하게 활용해 일과 삶의 균형을 맞출 수 있을지, 또 어떻게 하면 이 기술이 우리의 삶을 진정으로 풍요롭게 만들 수 있을지를 고민해야 할 때다.

더욱 중요한 것은 이러한 변화가 우리 세대에서 그치지 않는다는 점이다. 우리 아이들이 마주할 미래는 단순히 정답을 아는 것만으로는 부족한 시대가 될 것이다. AI를 얼마나 잘 이해하고 활용할 수 있는지가 새로운 경쟁력이 되는 시대, AI를 활용할 줄 아는 아이와 그렇지 못한 아이 사이의 격차가 더욱 벌어지는 시대가 다가오고 있기 때문이다. 따라서 AI 구독과 활용 능력은 이제 직장인과 어른들만의 과제가 아닌, 미래를 이끌어나갈 우리 자녀들에게도 필수인 역량이 되었다.

이 장에서는 AI 구독 서비스가 만들어가는 새로운 일상의 모습을 구체적으로 살펴본다. 직장에서의 생산성 향상부터 가정에서의 스마트한 생활, 그리고 우리 아이들의 미래 경쟁력 확보까지, AI 구독이 가져올 변화와 그 속에서 우리가 찾아야 할 균형에 대해 이야기해본다.

AI 튜터의 맞춤형 교육:
평생 학습 시대의 새로운 동반자

"엄마, 오늘 영어 숙제 있는데 모르는 게 있어요."
"이번 프로젝트에 새로운 프로그래밍 언어를 써야 하는데,
어디서부터 시작해야 할지 모르겠네요."

초등학생부터 직장인까지, 배움에는 끝이 없다. 특히 급변하는 디지털 시대에서 새로운 지식과 기술의 습득은 더 이상 선택이 아닌 필수가 되었다. 이러한 변화 속에서 AI 튜터는 우리의 든든한 학습 파트너로 자리 잡고 있다.

챗GPT 플러스나 클로드와 같은 거대 언어 모델(Large Language Model, LLM)을 활용한 AI 튜터는 단순히 질문에 답하는 것을 넘어, 학습자의 수준과 목표에 맞춘 맞춤형 학습 경험을 제공한다. 예를 들어, 직장인 김 대리는 퇴근 후 AI 튜터와 함께 데이터 분석을 공부한다. "이 개념이 잘 이해가 안 되는데요"라고 물어보면, AI는 김 대리가 평소 관심 있어 하는 마케팅 사례를 들어 설명해준다.

특히 주목할 만한 점은 AI 튜터의 학습 패턴 분석 능력이다. AI는 학습자가 어떤 시간대에 집중력이 가장 높은지, 어떤 설명 방식을 선호하는지, 어떤 부분에서 어려움을 겪는지를 지속적으로 파악한다. 심지어 이런 식으로 최적의 학습 계획을 제안하기도 한다.

> "오후 3시에서 5시 사이에 가장 집중력이 높으시네요.
> 이 시간대에 복잡한 개념을 다루는 건 어떨까요?"

초등학생 승환이의 경우, 수학을 공부할 때 AI 튜터를 활용한다. AI는 승환이가 게임을 좋아한다는 것을 파악하고, 게임 캐릭터의 레벨업 시스템을 예로 들어 비례식을 설명해준다. 한편, 직장인 전 과장은 영어 프레젠테이션 준비를 위해 AI 튜터와 함께 발음 교정과 표현 연습을 한다. AI는 전 과장의 업종에서 자주 사용되는 비즈니스 용어들을 중심으로 맞춤형 학습 자료를 제공한다.

여기서 중요한 것은 AI 튜터가 '도구'라는 점이다. AI는 우리의 학습을 돕는 조력자이지, 학습의 주체가 될 수는 없다. 실제로 가장 효과적인 학습은 AI 튜터의 지원을 받되, 학습자 스스로 생각하고 적용하는 과정에서 일어난다.

이제 AI 튜터를 활용한 학습은 선택이 아닌 필수가 되어가고 있다. 직장에서는 AI를 활용한 자기 계발 능력이 새로운 경쟁력으로 부상하고 있으며, 학생들에게는 AI와 함께 공부하는 방법을 아는 것이 중요한 학습 역량이 되고 있다. "AI를 어떻게 활용할 것인가"가 새로운 학습의 핵심 과제가 된 것이다.

이제 우리는 평생 학습 시대를 살아가고 있다. 회사에서든, 학교에서든, 혹은 집에서든 언제 어디서나 AI 튜터와 함께라면 더 효율적이고 즐거운 학습이 가능하다. 중요한 것은 이러한 도구를 '얼마나 현명하게 활용하느냐'다. AI 튜터는 우리의 학습 여정에서 믿음직한 동반자가 되어줄 것이다.

영화 「그녀」에서 주인공이 AI와 자연스럽게 대화를 나누는 장면을 기억하는가? 더 이상 영화 속 이야기가 아니다. 2025년, 챗GPT의 고급 음성 모드는 우리에게 마치 실제 교육 전문가와 대화하는 것 같은 경험을 선사하고 있다.

"안녕하세요, 오늘은 어떤 주제로 학습하시겠어요?"

출근길 차 안에서, 운동하면서, 혹은 집안일을 하면서도 AI 튜터와 자연스러운 대화를 통해 학습할 수 있는 세상이 됐다. 50개 이상의 언어를 지원하는 이 기능은 특히 외국어 학습에서 놀라운 효과를 보여주고 있다. 실제 원어민과 대화하는 것 같은 자연스러운 발음과 억양, 개인의 학습 속도에 맞춘 대화 템포, 그리고 이전 학습 내용을 기억하고 연계하는 지능적인 학습 관리까지. AI 튜터는 이제 단순한 음성 비서가 아닌, 우리의 일상에 자연스럽게 스며든 교육 파트너로 진화하고 있다. 이렇게 똑똑한 개인 비서를 무료로 고용할 기회가 있는데도 무시하고 그냥 지나친다면 내 경쟁력은 당연히 떨어질 수밖에 없다.

그럼 지금부터 똑똑한 AI 튜터를 우리 집, 내 사무실로 소환시키는 방법을 직접 실습해보자. 그러기 위해서 우리는 챗GPT에 대한 간단한 이해가 필요하다. 챗GPT는 오픈AI가 만든 딥러닝 프로그램으로 '언어를 만들도록 만들어진 AI', 즉 '대화형 AI 챗봇'을 뜻한다. 상식부터 어려운 전문 지식까지 무슨 질문을 해도 문장으로 친절하게 답해주는, 어떤 질문에도 답을 내어주는 척척박사 개인 비서가 생긴 셈이다.

새로운 기술을 받아들이는 것은 때로는 어렵고 망설여지기 마련이다. 하지만 여러분이 이 책을 펼쳐 여기까지 읽어왔다면, 이미 변화를 받아들일 준비가 되어 있다는 의미일 것이다. 이제 여러분의 AI 튜터 챗GPT를 만나볼 시간이다.

시작이 반이다:
챗GPT 가입하기

챗GPT는 PC와 모바일 어디서나 접근이 가능하다. 특히 반가운 소식은, 하나의 구글 계정으로 로그인하면 PC에서 나눈 대화가 모바일에서도, 모바일에서 나눈 대화가 PC에서도 그대로 이어진다는 점이다. 마치 친한 친구와 대화하듯, 언제 어디서든 이전 대화의 맥락을 이어갈 수 있다.

챗GPT를 어디서 어떻게 사용하면 좋을까? PC와 모바일, 각각의 장단점을 살펴보자. 기본적으로 PC 버전과 모바일 앱은 거의 동일한 방식으로 작동하지만, 몇 가지 중요한 차이점이 있다. 먼저 이미지 첨부 기능을 보면, PC에서는 한 번에 최대 10장까지 이미지를 올릴 수 있지만, 모바일에서는 4장으로 제한된다. 대용량 파일을 분석하거나 문서 작업을 할 때도 PC가 더 안정적이고 편리하다.

하지만 모바일 앱에도 분명한 장점이 있다. 출퇴근 시간이나 이동 중에도, 심지어 잠깐의 휴식 시간에도 챗GPT와 대화를 나눌 수 있다. 갑자기 떠오른 아이디어나 궁금증을 바로바로 해결할 수 있는 높은 접근성이 모바일 앱의 가장 큰 매력이다.

결국 사용 목적에 따라 선택하면 된다. 전문적인 작업이나 많은 자료를 다룰 때는 PC를, 일상적인 대화나 간단한 질문에는 모바일을 활용하는 것이 좋다. 두 가지 버전을 상황에 맞게 적절히 활용한다면 챗GPT를 더욱 효과적으로 사용할 수 있을 것이다.

챗GPT는 회원 가입 없이도 무료로 사용이 가능하지만 회원 가입 시 더욱 빠르고 정교한 응답, 파일 업로드, 내 대화의 기록, 모바일과의 연동 등 다양한 기능을 비롯해 최신 모델의 일부 기능을 무료로 사용할 수 있다. 그러니 가능한 가입 진행 후 사용할 것을 권장한다.

❶ 구글 검색창에 챗GPT를 입력 후 검색 클릭

❷ 챗GPT 홈페이지 [바로가기] - 챗GPT - 오픈AI 클릭

❶ 우측 상단 [회원 가입]을 클릭한다.

❷ [계정 만들기] 선택: 이메일 주소를 입력하여 아이디를 만들 수도 있고, 기존에 가지고 있는 구글, 마이크로소프트, 애플 계정으로 소셜 로그인을 할 수 있다. 대부분 구글 계정은 가지고 있기 때문에 [Google로 계속하기] 클릭하여 계정 만들기를 한다.

웹 브라우저에 ①과 같이 로그인된 구글 계정이 있다면 계정 선택 후 접속을 진행한다. 만약 ②와 같이 로그인된 계정이 없다면 구글 계정을

새로 입력하여 로그인 후 접속을 진행한다.

챗GPT 가입이 처음일 경우 사용자가 만 18세 이상인지 확인해야 하기 때문에 [성명]과 [생년월일]을 입력하고 [동의함]을 클릭한다. 그럼 똑똑한 개인 비서 챗GPT를 이용할 수 있는 홈 화면으로 이동한다.

이제 챗GPT의 고급 음성 모드를 활용한 효과적인 학습 방법을 상세히 살펴보자. 이 가이드를 통해 출퇴근 시간이나 자투리 시간을 활용해 어떻게 효율적으로 학습할 수 있는지, 또 어떻게 AI 튜터와 더 효과적으로 상호작용할 수 있는지 배우게 될 것이다.

챗GPT 무료 모델 vs 유료 모델

챗GPT는 다양한 사용자 요구에 맞춰 여러 플랜을 제공한다. 기존의 무료(Free)와 플러스(Plus) 플랜 외에도, 협업 기능이 강화된 팀(Team) 플랜과 최고 수준의 기능을 제공하는 프로(Pro) 플랜이 있다.

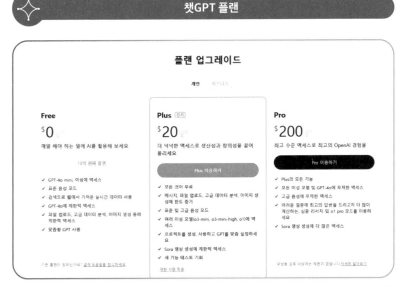

다음은 챗GPT의 플랜별 주요 특징을 정리한 표다. 챗GPT를 처음 시작할 때는 무료 버전으로도 충분히 기본적인 기능들을 경험해볼 수 있다. 하지만 챗GPT를 통해 일상과 업무를 한 단계 더 발전시키고 싶다면, 유료 구독을 고려해보는 것이 좋다.

 챗GPT 플랜별 주요 특성 및 기능 비교표

구분	개인			비즈니스
	무료 플랜 (Free)	플러스 플랜 (Plus)	프로 플랜 (Pro)	팀 플랜 (Team)
GPT-4o 사용 횟수	3시간당 10회 제한	제한 없음	완전 무제한	넉넉한 메시지 한도
인터넷 브라우징	가능	가능	가능	가능
음성 모드	표준	표준 및 고급	고급	표준 및 고급
프로젝트 생성	불가	가능	가능	가능
파일 업로드 및 데이터 분석	제한적	제공	제공	제공
맞춤형 GPTs 사용	가능	가능	가능	가능
맞춤형 GPTs 생성	불가	가능	가능	가능
협업 기능	없음	없음	없음	워크스페이스 공유
이미지 생성 (DALL·E)	하루 두 장	가능	가능	가능
Sora 영상 생성	불가	가능(제한적)	가능(더 많이)	가능
데이터 보호	일반	일반	AI 훈련 제외	AI 훈련 제외
월 구독료	무료	$20	$200	$25 (연간 구독 시)

무료 플랜을 사용하다 보면 한 가지 중요한 제한 사항을 만나게 된다. GPT-4 모델의 사용량이 초과되면 자동으로 GPT-4 mini 모델로 전환된다는 점이다. 기본 모델로도 챗GPT와 대화는 가능하지만, 대부분의 고급 기능들은 사용할 수 없게 된다.

만약 챗GPT를 단순히 가끔 궁금한 것을 물어보는 용도로만 사용한다면 무료 플랜으로도 충분할 수 있다. 하지만 업무나 학습에 적극적으로 활용하고 싶다면, 유료 플랜을 선택하는 것이 훨씬 더 효율적이다. 유료 플랜을 통해 더 빠른 응답 속도, 더 정확한 답변, 그리고 다양한 고급 기능들을 제한 없이 활용할 수 있다. 이는 마치 기본 도구와 전문가용 도구의 차이라고 할 수 있다. 사용 목적과 필요에 따라 적절한 플랜을 선택하면 된다.

챗GPT 기본 사용법

챗GPT와의 기본 대화는 간단한 요청이나 질문으로 시작해볼 수 있다. 프롬프트 입력 상자에 질문이나 요청을 입력하면 챗GPT는 이를 이해하고 답변을 생성한다. 챗GPT의 프롬프트 입력 창은 사용자가 AI와 직접 상호작용하는 공간으로, 단순한 텍스트 입력을 넘어서 다양한 기능을 제공하고 있다. 특히, 입력 창 좌우에 배치된 네 가지 주요 버튼(첨부 파일, 검색, 이성(추론), 음성 입력)은 사용자의 필요에 따라 AI의 활용도를 극대화할 수 있도록 도와준다.

챗GPT 기본 화면

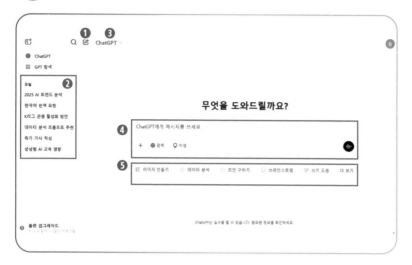

❶ 새 채팅: 이전 대화에 영향을 받지 않고 새 대화를 시작한다.

❷ 채팅 목록: 챗GPT는 이전 대화 내용을 기억할 수 있다. 이전 채팅을 불러와서 언제든 이어서 대화가 가능하다.

❸ 챗GPT 버전 선택창: 유료 구독에만 나타나는 메뉴이며 무료 사용자의 경우 일부 유료 기능이 적용된 기본 모델로 작동한다.

❹ 프롬프트 입력 창: [ChatGPT에게 메시지를 쓰세요]라고 써 있는 프롬프트 창에 질문 또는 요청할 내용을 입력하고 '엔터' 또는 프롬프트 입력 창의 우측 아이콘을 클릭한다.

❺ 챗GPT의 메인 화면은 사용자가 AI와 쉽게 상호작용할 수 있도록 구성되어 있으며, 여러 기능 버튼은 챗GPT가 지원하는 다양한 작업을 빠르게 선택하고 실행할 수 있다.

무엇을 도와드릴까요?

ChatGPT에게 메시지를 쓰세요

❶ ❷ ❸ ❹

＋ ⊕ 검색 ♀ 이성 ⏹

     🖼 이미지 만들기   🗐 텍스트 요약   ⊡ 코딩   ⬧ 데이터 분석   ♢ 조언 구하기   더 보기

❶ 파일 첨부 기능: 내 디바이스 내 파일(PDF, 워드, CSV, 엑셀. 텍스트파일 등 문서), 이미
지, 프로그래밍 코드 파일(.py, .cpp, .html 등) 등 첨부가 가능하며, 내 계정의 구글 드
라이브와 연동, 마이크로소프트의 원드라이브와 연결하여 손쉽게 파일 첨부가 가
능하다.

❷ 검색 기능: 챗GPT가 실시간 웹 검색을 통해 최신 정보를 가져오는 기능으로 챗
GPT가 기본적으로 학습한 지식 외에도 최신 뉴스, 통계, 연구 자료 등 추가적인 정
보를 제공한다.

❸ 이성(추론) 모드: 논리적이고 깊이 있는 사고를 기반으로 답변을 생성하는 모드로,
감정적이거나 창의적인 접근보다는 객관적이고 논리적인 분석이 필요한 경우에 적
합하다.

❹ 음성 입력 기능: 사용자가 키보드로 입력하는 대신 음성을 통해 AI와 대화할 수 있는
기능으로 손이 자유롭지 않을 때, 빠르게 질문을 입력하고 싶을 때 유용하다.

챗GPT와 음성 대화 시작을 위해 설치하기

챗GPT는 PC뿐만 아니라 스마트폰에서도 편리하게 이용할 수 있는 AI 도구다. 그러나 최근 앱스토어와 플레이스토어에는 챗GPT와 유사한 로고를 가진 다양한 앱들이 등장하면서 사용자들에게 혼동을 주고 있다. 특히, 일부 광고 기반 앱들이 검색 결과 상단에 먼저 노출되는 경우가 많아, 공식 앱과 혼동할 위험이 있다.

따라서 챗GPT 앱을 다운로드할 때는 반드시 개발사가 '오픈AI'인지 확인한 후 설치해야 한다. 공식 앱이 아닌 경우, 원하지 않는 광고가 포함되거나 챗GPT의 핵심 기능을 충분히 활용할 수 없을 수도 있다. 올바른 챗GPT 경험을 위해 공식 앱을 사용하는 것이 중요하다.

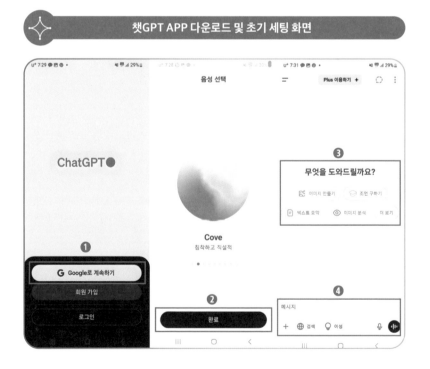

❶ [구글로 계속하기]를 클릭한다.

❷ AI 음성 선택 후 [완료]를 클릭한다.

❸ PC 버전과 동일하게 여러 기능 버튼으로 챗GPT가 지원하는 다양한 작업을 빠르게 선택하고 실행할 수 있다.

❹ 프롬프트 입력 창: [메시지]라고 써 있는 프롬프트 창에 질문 또는 요청할 내용을 입력하고 '엔터' 또는 프롬프트 입력 창 우측 아이콘을 클릭한다.

챗GPT의 프롬프트 입력 창 우측에 위치한 파형 모양의 아이콘을 클릭하면 [고급 음성 모드]가 활성화된다. 이 기능을 통해 이제 더 이상 키보드로 타이핑할 필요 없이, 마치 친구와 대화하듯 AI와 음성으로 자연스럽게 대화를 나눌 수 있다.

Q. 몇 가지 음성 옵션을 사용할 수 있나요?

초기 세팅 이후에도 언제든 챗GPT에서 각각 고유한 음색과 특성을 지닌 9가지 생생한 출력 음성 중에서 선택할 수 있다. 음성 옵션을 변경하려면 오른쪽 상단에 위치한 버튼을 클릭한다.

Arbor - 느긋하고 자유로움	Breeze - 활기차고 진지함
Cove - 침착하고 직설적	Ember - 자신 있고 낙관적
Juniper - 개방적이고 즐거움	Maple - 밝고 솔직함
Sol - 야무지고 느긋함	Spruce - 차분하고 긍정적
Vale - 밝고 호기심 많음	

고급 음성 모드를 실행하면 화면이 파란색으로 변하면서 AI와의 대화 준비가 완료된다. 이때부터 자유롭게 말을 걸어 대화를 시작할 수 있다. 특히 이 모드의 가장 큰 특징은 실제 사람과 대화하는 것처럼 자연스러운 상호작용이 가능하다는 점이다. AI가 답변하는 도중에도 중간에 끼어들어 새로운 질문을 하거나, 대화의 방향을 전환하는 것이 가능하다.

이러한 음성 대화 기능은 챗GPT를 더욱 친근하고 직관적인 AI 도구로 만들어준다. 손이 자유롭지 않은 상황이나 빠르게 아이디어를 교환해야 하는 순간에 특히 유용하다. 이제 챗GPT와의 대화는 마치 개인 비서와 실시간으로 소통하는 것처럼 자연스럽고 몰입감 있는 경험으로 확장된다.

[고급 음성 모드]는 자연스러운 언어 활동을 지원하기 때문에 다양한 방식으로 활용이 가능하다. 특히 외국어 학습에 효과적으로 활용할 수 있고, 모의 면접, 토론, 고민상담, 아이데이션 확장 등 우리의 다양한 일상과 업무에서 활용할 수 있다.

고급 음성 대화를 시작해보기

❶ 우측 하단에 있는 음성 아이콘 클릭한다.

❷ 고급 음성 대화를 시작하면 중앙에 파란색 구슬이 있는 화면으로 이동한다.

❸ 사용자의 음성을 ON 또는 OFF 한다.

❹ 음성 대화를 종료한다.

    지금까지 챗GPT의 [고급 음성 모드]에 대하여 간단히 알아보았다. 이제 실제 사례를 통해 이 기능을 어떻게 활용할 수 있는지 자세히 알아보자. 특히 직장인의 영어 학습과 취업 준비생의 면접 대비, 이 두 가지 상황에 초점을 맞추어 설명하겠다.

활용 상황1: 직장인 김 과장의 영어 스피킹 선생님

김 과장은 다음 달 진급 심사를 앞두고 있다. 승진을 위해서는 영어 스피킹 점수가 필요한 상황. 하지만 바쁜 업무 중에 학원을 다니거나 과외 선생님을 만나기는 현실적으로 어렵다. 이때 챗GPT의 음성 모드는 완벽한 해결책이 될 수 있다.

세팅 프롬프트

"지금부터 너는 영어 스피킹 원어민 선생님이야. 나는 진급을 준비 중인데, 영어 스피킹 점수가 필요해. 현재 나는 LV4 수준인데 LV2로 향상시키고 싶어. LV3의 난이도는 중학교 1학년 수준의 교과서 내용과 대화들이야.
너는 매일 2개의 대화 주제를 제시하고, 내가 대답을 하면 그에 대해 한글로 피드백을 제공해줘. 내가 더 잘 말할 수 있는 부분과 보완해야 할 부분을 설명해주고, LV2 수준에 맞는 예시 답변을 영어로 들려줘."

실전 연습 방법

❶ 챗GPT 음성 모드 활성화: 음성 대화 모드를 실행한 후, 위의 프롬프트를 입력한다.

❷ 주제 제시 및 답변 연습: AI가 하루 2개의 대화 주제를 제시하면, 이에 대한 영어 답변을 말한다.

❸ 즉각적인 피드백 제공: 챗GPT가 답변을 듣고 한글로 피드백을 제공하며, 더 자연스러운 표현을 추천한다.

❹ 예시 답변 청취 및 반복 연습: AI가 LV2 수준의 예시 답변을 늘려주면, 이를 참고하여 반복 연습한다.

활용 상황2: 취준생 영관이의 면접 대비

영관이는 첫 취업을 준비하며 면접 연습이 절실한 상황이다. 하지만 혼자 거울을 보며 연습하는 것은 한계가 있고, 매번 스터디를 구하기도 쉽지 않다. 이때 챗GPT 음성 모드는 24시간 대기 중인 면접관이 되어준다.

✧ 세팅 프롬프트

 "지금부터 너는 면접관 역할을 맡은 전문가야. 나는 취업을 준비 중이고, 채용 면접에서 좋은 결과를 얻고 싶어. 면접관으로서 나는 너에게 매일 2개의 질문을 줄 거야. 첫 번째는 전반적인 자기소개나 경험에 대한 질문이고, 두 번째는 직무나 회사와 관련된 구체적인 질문이 될 거야. 나는 그 질문에 대해 대답할 거고, 너는 내 대답을 잘 듣고, 그에 대해 한글로 피드백을 해줘.

피드백은 내가 더 나은 답변을 할 수 있도록 보완할 부분과, 내 답변을 더 강하게 만들 수 있는 방법을 중심으로 설명해줘. 그리고 각 질문에 대해 면접에 적합한 예시 답변을 영어로 제공해줘. 이 과정을 반복하면서 점차 면접에 대비할 수 있도록 도와줘."

실전 연습 방법

❶ 챗GPT 음성 모드 활성화: 위의 프롬프트를 입력하여 AI를 면접관 모드로 전환한다.

❷ 질문에 대한 답변 연습: AI가 제공하는 면접 질문에 대해 영어로 답변한다.

❸ AI의 피드백 확인: AI가 답변을 분석하고, 더 나은 표현과 구체적인 보완 방법을 제시한다.

❹ 예시 답변 청취 및 개선: AI가 제공하는 이상적인 답변을 참고하여 다시 연습한다.

이제 더 이상 고액의 학원비나 과외비를 지출할 필요가 없다. 한 달에 2만 원 남짓한 AI 구독료로, 24시간 대기 중인 개인 교습 선생님을 확보하게 된다. 출근길 지하철에서, 점심시간 사무실에서, 저녁 운동하면서, 심지어 주말 집안일 하면서도 AI 튜터와 함께라면 언제든 학습이 가능하다. AI는 단순한 연습 상대가 아닌 실력을 효과적으로 향상시키는 최적의 학습 파트너.

영어 회화 연습과 면접 준비 외에도 AI 튜터의 활용 가능성은 무궁무진하다. 업무 프레젠테이션 연습이 필요한가? AI 튜터가 청중이 되어줄 수 있다. 논문 작성을 위한 연구 방법론을 배우고 싶은가? AI 튜터가 전문 교수가 되어줄 수 있다. 자녀의 수학 숙제를 도와주는 가정교사로, 새로운 취미를 배우기 위한 전문 강사로, 심지어 작문 실력 향상을 위한 글쓰기 코치로도 변신이 가능하다.

 GPT 고급 음성 모드의 활용

여기에 하나 더, 유료 모델 사용자에게만 제공되는 강력한 기능이 있다. 바로 카메라 비전 인식 기능이다. 이 기능은 고급 음성 모드와 함께 사용할 수 있으며, 사용자의 카메라로 실시간 장면을 인식하고, 그에 맞춰 음성 대화를 자연스럽게 이어나갈 수 있도록 지원한다. 예를 들어, 유료 사용자가 스마트폰이나 노트북 카메라를 통해 어떤 제품이나 문서를 보여주면, 챗GPT는 그 이미지를 분석하고 실시간으로 질문을 이해해 음성으로 응답한다. 앞의 그림처럼 책의 표지를 실시간 촬영하며 책에 관한 대화를 이어 갈 수 있다.

이 기능은 단순히 '보는 것'에 그치지 않는다. 실제로 비즈니스 회의 중 다이어그램을 보여주며 설명을 듣거나, 여행지에서 안내판을 보여주고 음성으로 번역과 설명을 받는 등의 활용이 가능하다. 특히 영어 학습자나 면접 준비생에게는 시각 자료와 대화를 동시에 활용하는 학습 방식으로 더욱 풍부한 학습 경험을 제공한다.

즉, 고급 음성 모드와 비전 기능이 결합되면 챗GPT는 더 이상 단순한 음성 비서가 아닌, 시각과 청각을 모두 활용하는 멀티모달(Multi Modal) AI 코치가 된다.

이제 우리는 분명한 선택의 기로에 서 있다. AI 구독자와 비구독자 사이의 격차는 단순한 기술 활용의 차이를 넘어, 학습 효율성과 자기 계발 속도의 차이로 이어지고 있다. 하루 24시간, 365일 대기 중인 맞춤형 교육 전문가를 곁에 두는 것과 그렇지 않은 것, 이 차이는 시간이 갈수록 더욱 분명해질 것이다.

"비싼 학원을 다닐 시간도, 여유도 없는데 어떡하죠?"

이런 고민은 이제 더 이상 하지 않아도 된다. AI 튜터와 함께라면, 일상이 곧 최고의 학습장이 된다. 지금 바로 당신만의 AI 튜터를 집으로, 사무실로 초대해보자. 그리고 경험해보자. 왜 전 세계의 수많은 사람들이 AI 구독의 매력에 빠져들고 있는지를 알게 될 것이다.

AI 닥터의
맞춤형 건강관리 솔루션

"미국 의사 면허 시험에 합격한 AI"
"96.9%의 정확도로 암을 진단하는 AI"
"28조 원 규모로 성장하는 AI 헬스케어 시장"

2025년, 의료 AI의 놀라운 발전은 이제 숫자를 넘어 우리의 일상을 바꾸고 있다. 2024년 초, 두 가지 사건은 의료계에 큰 반향을 일으켰다.

첫 번째는 일론 머스크의 AI 챗봇 '그록'이 의사들이 놓친 손목 골절을 정확히 진단한 사례였다. X-레이 사진에서 "원위 반경골의 명확한 골절선"을 발견한 AI의 진단은 후속 검사에서 사실로 확인되었고, 이는 AI가 더 이상 보조적 도구가 아닌 때로는 의사보다 더 정확한 진단이 가능한 수준에 도달했다는 것을 입증했다.

두 번째는 위스콘신주의 한밤중 교통사고 현장에서 일어났다. 의식을 잃은 운전자를 대신해 애플 워치가 자동으로 911에 신고를 했고, 이는 소중한 생명을 구하는 결정적 순간이 되었다. "애플 워치가 없었다면 어

Elon Musk ✅
@elonmusk

구독하기 x1 ···

Grok can diagnose medical injuries

DeepL로 번역 🧊

AJ Kay ✅ @AJKayWriter · 1월 11일

True story: @Grok diagnosed my daughter's broken wrist last week.

One of my daughters was in a bad car accident last weekend. Car is totaled but she walked away. Everyone involved did, thankfully. It was a best case outcome for a serious, multi-vehicle freeway collision.

DeepL로 번역 🧊

더 보기

Answer
Yes, there is an abnormality in this X-ray of the wrist. There is a clear fracture line visible in the distal radius, which is the larger of the two forearm bones. This fracture appears to be a distal radius fracture, commonly known as a Colles' fracture when it ~~occurs with a dorsal displacement. For a precise~~

Answer
The fracture in this X-ray is quite obvious. The distal radius shows a clear break with dorsal displacement, which is easily visible as a disruption in the bone's continuity and alignment. This is not a subtle fracture; it's a noticeable and significant break in the bone structure. However, for a precise medical

growth plate?

Answer
Based on the X-ray image, the line you are referring to near the end of the radius bone appears to be a fracture line rather than a fused growth plate. Growth plates typically have a more uniform appearance and are located at the ends of long bones where growth occurs, often appearing as a distinct, smooth line. The irregularity and disruption in the bone structure suggest a fracture. However, for an accurate diagnosis, it's crucial to consult with a radiologist or

떤 결과가 나왔을지 모른다"는 현장 소방서장의 말처럼, AI 기술은 이제 우리의 생명을 지키는 든든한 보호자가 되어가고 있다.

2025년, 이러한 의료 AI 기술은 한층 더 발전했다. 이제는 우리 가정에서도 구독 서비스를 통해 AI 닥터의 도움을 받을 수 있게 되었다. 더 이상 병원을 찾아 긴 시간을 기다릴 필요가 없다. AI는 24시간 우리 가족

의 건강을 모니터링하고, 이상 징후를 조기에 발견하며, 맞춤형 건강관리 솔루션을 제공한다.

> "어, 오늘 아침 아이의 체온이 평소보다 좀 높네요.
> 최근 수면 패턴과 활동량을 분석해보니 과로의 징후가 보입니다.
> 오늘은 휴식을 취하는 것이 좋겠어요."

이처럼 AI는 단순한 건강 데이터 수집을 넘어, 가족 구성원 개개인의 건강 상태를 실시간으로 모니터링하고 관리해주는 주치의 역할을 수행한다. 특히 주목할 점은 AI 구독자와 비구독자 간의 건강 정보 격차가 점점 벌어지고 있다는 사실이다.

AI 구독자들은 실시간 건강 모니터링, 맞춤형 건강 조언, 질병 조기 발견 등의 혜택을 누리고 있다. 반면 비구독자들은 이상 징후가 발생한 후에야 병원을 찾게 된다. 이는 단순한 편의성의 차이를 넘어, 건강관리의 질적 차이로 이어지고 있다.

글로벌 AI 헬스케어 시장이 연평균 35.1%의 폭발적인 성장을 기록하는 것도 이러한 이유 때문이다. 구글, 오픈AI, 네이버, 카카오 등 글로벌 기업들이 앞다투어 AI 헬스케어 서비스를 출시하는 것 역시, 이것이 더 이상 선택이 아닌 필수가 되어가고 있다는 것을 보여주는 증거다.

이제 우리는 중요한 선택의 기로에 서 있다. AI 구독을 통해 가족의 건강을 더 스마트하게 관리할 것인가, 아니면 기존의 방식을 고수할 것인가? "어렵고 복잡하지 않을까?" 하는 걱정은 잠시 내려놓아도 좋다. 챗GPT의 발전된 이미지 인식 기능과 고급 음성 모드를 활용하면, 우리 일상에서 바로 시작할 수 있는 간단한 방법들이 많이 있기 때문이다.

예를 들어, 오늘 받아온 건강검진 결과지를 AI 가족 주치의에게 보여주는 것부터 시작해보자. 혹은 저녁 식사 후 "오늘 우리 가족의 영양 균형은 어땠을까?"라고 AI 영양 설계사에게 물어보자. 아침에 일어나 "오늘 어떤 운동을 하면 좋을까?"라고 AI 운동 코치와 상담하는 것도 좋다.

이렇게 소소한 일상의 작은 실천들이 모여, 어느새 AI를 가장 현명하게 활용하는 건강한 가정을 만들어가고 있을 것이다. 이번 장에서는 이런 실용적이고 즉각적인 AI 활용법들을 하나씩 살펴보도록 하겠다.

주치의가 된 AI: 365일 24시간 건강 파트너

잠시 생각해보자. 우리 가족의 행복을 위해 건강보다 더 중요한 것이 있을까? 하지만 바쁜 현대 생활 속에서 가족 구성원 모두의 건강을 꼼꼼히 챙기는 것은 쉽지 않은 일이다. 특히 건강검진 결과를 받아들고 '이 수치가 정상인지, 어떤 부분을 주의해야 하는지' 고민한 적이 있을 것이다. 이제 AI가 24시간 주치의가 되어준다.

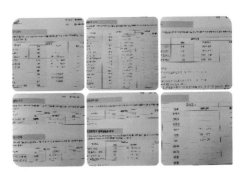

너는 10년차 건강관리 전문가로 예방 의학을 전공한 전공의야. 지금부터 내 건강검진 데이터를 제공하면 건강검진을 통해 얻은 데이터를 바탕으로 예방적 접근을 취하며, 생활 습관 개선이나 질병 예방에 대한 조언을 제공해줍니다. 이를 바탕으로 제 건강을 종합적으로 분석하고, 맞춤형 건강 관리 솔루션을 제시해 주세요. 식단, 운동, 생활 습관, 스트레스 관리 등 다양한 측면에서 개선할 수 있는 방법을 체계적으로 알려주세요.

나이: 40세
성별: 남성
식습관: 하루 2끼(점심, 저녁)식사, 회식 평균 2회/주, 평일 회사에서 간식(빵, 과자) 섭취
생활습관: 비흡연, 운동(저강도, 2회/주, 40분/회)
직업: 사무직

이렇게 단순한 대화로 시작된 AI와의 만남은 건강관리 방식을 근본적으로 바꾸게 된다.

건강검진 결과표를 AI에게 보여주면, AI는 수치가 정상이냐, 아니냐만 판단하지 않는다. 사용자의 나이, 성별, 직업, 생활 습관, 가족력 등을 종합적으로 분석해 맞춤형 건강관리 방안을 제시한다.

"사무직이시니 목과 허리 건강에 특히 신경 쓰셔야겠네요."

챗GPT가 분석한 건강검진 결과 및 맞춤형 건강관리 솔루션

업로드된 건강검진 데이터를 분석하여 종합적인 건강 평가와 맞춤형 건강 관리 솔루션을 제공하겠습니다. 데이터를 분석한 후 결과를 정리하여 알려드리겠습니다. 잠시만 기다려 주세요.

건강검진 데이터 분석

	검사항목	결과	기준범위
1	AST(GOT)	50.0	0 - 33
2	ALT(SGPT)	66.0	0 - 38
3	알칼리포스파타제(ALP)	164.0	104 - 338
4	총빌리루빈	1.84	0.20 - 1.57
5	직접빌리루빈	0.4	0.05 - 0.46
6	간접빌리루빈	1.44	0.21 - 1.00

건강검진 데이터를 정리하여 시각적으로 제공했습니다. 이제 이를 기반으로 건강 상태를 종합적으로 평가하고, 생활 습관 개선을 위한 맞춤형 건강 관리 솔루션을 제시하겠습니다.

1. 주요 건강 문제 및 개선 필요 영역

(1) 간 기능 수치 (AST, ALT, γ-GTP)
- AST(SGOT): 50 (기준 0~33)
- ALT(SGPT): 66 (기준 0~38)
- γ-GTP: 56 (기준 0~56, 경계치)

☑ 간 기능이 약간 저하된 상태일 수 있습니다. 이는 지방간, 간염, 과음, 비만 등이 원인이 될 수 있습니다.

2. 맞춤형 건강 관리 솔루션

(1) 식단 개선

☑ 간 건강을 위한 식습관
- 음주 제한: 회식이 주 2회 수준이라면, 주류 섭취를 줄이고 저알콜 또는 무알콜 음료로 대체
- 항산화 음식 섭취: 녹황색 채소(브로콜리, 시금치), 마늘, 강황 섭취
- 가공식품과 설탕 섭취 줄이기: 간에 부담을 주는 인스턴트 및 가공식품 줄이기

☑ 이상지질혈증 개선
- 포화지방(붉은 고기, 튀긴 음식) 제한하고 불포화지방(견과류, 등푸른 생선) 섭취
- "고섬유질 식품(귀리, 퀴노아, 채소, 콩류)"을 포함한 콜레스테롤 배출 촉진
- 트랜스지방(마가린, 패스트푸드) 피하기

(2) 운동 계획

☑ 목표: 체중 감량 & 간 건강 개선
- 운동 빈도 증가: 주 2회 → 주 4~5회로 확대
- 유산소 운동(걷기, 러닝, 자전거): 40분 → 50~60분으로 증가
- 근력 운동 추가: 대사 활성화를 위해 주 2~3회 근력 운동 (스쿼트, 런지, 푸쉬업)

(3) 생활 습관 개선

☑ 수면 패턴 조절:
- 수면 부족은 간 건강과 혈압에 영향을 주므로 하루 7시간 이상 숙면
- 취침 1시간 전 스마트폰, TV 시청 줄이기

☑ 스트레스 관리:
- 명상, 요가, 심호흡 등 스트레스 해소 활동 도입
- 업무 스트레스 최소화를 위해 업무 중 1시간에 한 번씩 스트레칭

> "가족력에 당뇨가 있으시다고 했는데,
> 이 수치들을 주의 깊게 봐야 할 것 같습니다."

마치 오랫동안 나를 진료해온 주치의처럼 AI는 세심한 조언을 건넨다. 특히 주목해야 할 점은 AI 구독자와 비구독자 간 건강관리 격차다. 한밤 중 갑작스러운 복통이 생겼다고 가정해보자. AI 구독자는 즉시 증상을 상담하고, 자신의 식단 기록과 생활 패턴을 바탕으로 맞춤형 조언을 받을 수 있다. 반면 비구독자는 인터넷을 뒤지며 일반적인 정보를 찾느라 시간을 허비하게 된다.

건강검진 결과 해석에서도 차이는 명확하다. AI 구독자는 검진 결과를 즉시 분석받고, 개인에게 맞는 개선 방안을 바로 실행할 수 있다. 그

러나 비구독자는 병원 예약과 긴 대기 시간을 거쳐야 하며, 이는 편의성의 차이를 넘어 건강관리의 질에서 큰 차이를 만든다.

건강관리는 시작이 중요하다. 올해 받은 건강검진 결과부터 AI와 함께 살펴보자.

"이 수치가 정상인가요?"
"제 나이대에서 주의할 점은 무엇인가요?"

이런 간단한 질문만으로도 AI는 사용자의 건강 데이터를 축적하며 점점 더 정교한 조언을 제공한다.

놀라운 점은 여기서 끝이 아니라는 것이다. 건강검진 분석 결과를 바탕으로 후속 질문을 통해 세계적 영양사의 식단 설계와 국가대표 트레이너 수준의 운동 프로그램까지 제공한다. 마치 옆에 전문 영양사와 트레이너가 함께 있는 듯, 섬세하고 전문적인 가이드를 받을 수 있다. AI 구독 서비스는 단순히 검진 결과를 해석하는 수준을 넘어 나의 건강한 삶 전체를 함께 설계해주는 존재가 된다.

건강은 잃고 나서야 그 소중함을 깨닫기 마련이다. 하지만 이제는 AI 주치의와 함께라면 우리 가족의 건강을 더 스마트하고 체계적으로 관리할 수 있다. 24시간 곁에서 건강을 지켜주는 AI 전문가들과 함께, 지금 이 순간부터 더 건강하고 활기찬 삶을 시작하자.

AI가 바꾼
음악 제작의 패러다임

AI의 등장으로 음악 제작의 패러다임이 완전히 바뀌고 있다. 과거에는 한 곡의 노래가 완성되기까지 수많은 전문가의 손길이 필요했다. 작곡가가 곡을 쓰고, 작사가가 가사를 붙이며, 편곡자가 음악을 다듬고, 연주자들이 악기를 연주하고, 가수가 노래를 부르고, 엔지니어가 최종 레코딩을 마무리하는 과정까지. 이 모든 단계에는 많은 시간과 비용이 들었으며, 전문가의 도움이 없다면 거의 불가능한 일이었다.

하지만 생성형 AI의 등장은 이 모든 과정을 완전히 변화시키고 있다. 작사를 하지 못하거나 악기를 다룰 줄 몰라도, 이제 우리는 버튼 클릭 한 번만으로 단 몇 분 만에 나만의 특별한 노래를 만들 수 있게 되었다. 음악 창작의 문턱이 크게 낮아진 것이다.

이제 누구나 쉽게 창작에 도전할 수 있는 혁신적인 도구가 등장했다. 은퇴하시는 부모님을 위한 감사의 노래, 결혼식을 위한 세레나데, 아이들의 학습을 돕는 교육용 노래, 아침을 활기차게 해주는 모닝콜까지. AI는 우리의 상상력만큼이나 다양하고 감동적인 음악을 만들어낼 수 있다.

수노(SUNO): https://suno.com/

2022년 샌프란시스코에서 설립된 이래, 2023년 베타 서비스를 시작하며 기존의 텍스트, 이미지, 비디오 생성 AI 중심 시장에서 벗어나 음악 생성이라는 새로운 분야를 등장시켰다. 이로 인해 전 세계적으로 큰 주목을 받았다.

2025년 현재 많은 사람들이 자신만의 음악을 만들고 있다. 매일 50 Credit(10곡 생성 가능)이 무료로 주어지며(매일 저녁 10시 기준으로 다시 채워지며, 누적되지는 않음) 생성된 음악의 저장 및 공유가 가능하다.

이제 본격적으로, 우리의 특별한 순간들을 더욱 빛나게 해줄 AI 음악 제작의 세계로 들어가보자. 수노 웹사이트에 접속해 로그인을 진행한다. 먼저 'Create' 버튼을 누르고 음악을 생성할 수 있는 메뉴로 이동한다.

 수노의 첫 화면

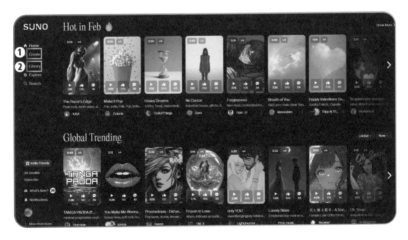

❶ Create: 노래를 만들기 위해서 클릭한다.

❷ Library: 이전에 작업한 곡들을 언제든 다시 들을 수 있다.

❶ Create 만들기 버튼 클릭 > Custom(한글 해석 시 관습) 활성화

❷ 가사 입력 영역

❸ Style of Music(음악 스타일): 음악 장르 또는 악기 입력 영역

❹ Title(제목): 노래 제목 입력 영역 > Create(만들다) 버튼 클릭

'Style of Music' 영역에는 꼭 영어를 사용하지 않아도 된다. 장르나 악기 이름을 한글로 입력해도 문제없다. 가사도 물론 중요하지만, 음악의 전체적인 분위기를 결정짓는 데 가장 큰 영향을 미치는 요소는 바로 이 영역이다. 수노의 'Home' 탭에서 이미 제작된 다양한 음악들을 들어보면서, 어떤 장르와 악기를 입력했는지 참고해보는 것도 좋은 방법이다.

수노로 공부 노래 만들기: 조선의 왕 영조

얼마 전, 조카가 깊은 고민에 빠져 있었다. 중학교 2학년 역사 시험 범위가 조선 후기 경종부터 철종까지의 시대로, 특히 21대 왕 영조의 업적이 너무 많아 암기하는 데 어려움을 겪고 있었다. 시험이 가까워졌지만, 머릿속에는 좀처럼 내용이 들어오지 않는다고 하소연하며 한숨을 쉬었다. 이를 지켜보던 나는 AI의 도움을 받아 조카를 위한 특별한 선물을 만들어보기로 했다.

먼저, 교과서에 나오는 영조의 주요 업적을 정리해 챗GPT에 입력했다. 그 뒤 다음과 같이 프롬프트를 입력했다.

> "중학교 2학년 학생이 이해하기 쉽도록
> 영조의 업적을 랩 가사로 만들어주세요."

평소 힙합을 즐겨 듣는 조카의 취향을 반영한 요청이었다. 챗GPT는 금세 역사적 사실을 흥미로운 라임과 리듬으로 엮어낸 랩 가사를 만들어냈다.

이제 여기에 음악을 더할 차례였다. AI 음악 제작 서비스 '수노'를 활용해, 챗GPT가 만든 가사를 입력했다. 그러자 단 몇 분 만에 중독성 있는 비트와 함께, 영조의 업적을 담은 랩 음악이 완성되었다. 수노는 한 번에 두 곡의 버전을 제공하며, 제목을 클릭하면 더 큰 커버 이미지와 전체 가사를 확인할 수 있어 활용도도 높았다.

 조카와 함께 만든 암기송 '조선의 왕 영조'

❶ 플레이 버튼: 노래를 재생할 수 있다(옆의 숫자는 재생 횟수).

❷ 설정 버튼: 만들어진 노래를 확장하거나 다운로드 탭에서는 생성된 노래를 오디오 (mp3) 또는 비디오(mp4) 파일로 다운받아 공유가 가능하다.

"탕평책으로 시작해 균역법으로 마무리
서원 정리하고 속대전 편찬해 백성을 위한 정치~"

반복적인 리듬에 맞춰 구성된 이 노래는 영조의 업적을 쉽게 기억할 수 있도록 만들어졌다. 조카는 처음엔 단지 재미있다고 여겼지만, 노래를 반복해서 듣는 동안 영조의 주요 업적들이 자연스럽게 머릿속에 자리 잡기 시작했다. 그리고 놀랍게도, 단 한 시간 만에 영조 관련 문제 10개를 모두 맞히는 기적 같은 일이 벌어졌다.

이처럼 AI는 지루하고 어렵게만 느껴졌던 학습 내용을 흥미로운 노래로 바꿔주는 마법사가 되어준다. 더 이상 무작정 암기하고 외우는 공부가 아니다. 즐기면서 배우는 새로운 학습 방식이 등장한 것이다.

역사 과목에서 시작된 이 시도는 과학, 사회, 영어 등 다양한 과목으로도 확장 가능하다. 복잡한 과학 개념을 노래로 정리하거나, 영어 단어와 문장을 리듬에 맞춰 익히는 학습법은 이미 아이들의 몰입도를 높이는데 큰 효과를 보이고 있다.

AI는 이제 단순한 도구가 아니다. 일상과 학습, 그리고 창작을 더욱 즐겁고 의미 있게 만들어주는 동반자다. 이제 여러분의 상상력이 곧 음악이 되는 시대다. AI와 함께라면, 누구나 작곡가이자 작사가가 될 수 있다.

3장

AI 전략 수업:
AI 도구와 업무 혁신

생산성의 혁명:
AI가 바꾸는 일하는 방식

    2025년, 사무실의 풍경이 눈에 띄게 달라지고 있다. 한 직원은 AI와 대화를 나누며 보고서를 작성하고 있고, 다른 직원은 AI의 도움을 받아 복잡한 데이터를 분석하고 있다. 이제 AI는 더 이상 먼 미래의 기술이 아니라, 우리의 일상에 자연스럽게 녹아든 업무 파트너가 되었다.

    특히 주목할 점은 생성형 AI가 가져온 변화의 폭과 깊이다. 과거의 자동화 기술이 주로 단순하고 반복적인 작업을 대체하는 데 초점을 맞췄다면, 생성형 AI는 한 단계 더 나아가고 있다. 보고서 작성, 데이터 분석, 전략 수립, 의사 결정 지원 등 고차원의 지적 업무 영역까지 깊숙이 침투하며 실질적인 변화를 만들어내고 있는 것이다.

    보스턴컨설팅그룹(BCG)의 연구 결과는 이러한 변화를 명확히 보여준다. 758명의 직원을 대상으로 한 실험에서, 생성형 AI를 활용한 그룹은 그렇지 않은 그룹에 비해 현저히 높은 업무 성과를 보였다. 특히 주목할 만한 점은 AI가 업무 숙련도가 낮은 직원들의 성과를 더욱 크게 끌어올렸다는 것이다. 하위 50% 그룹은 AI 활용 시 성과가 무려 43% 향상된

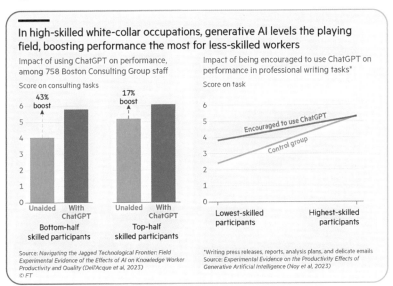

In high-skilled white-collar occupations, generative AI levels the playing field, boosting performance the most for less-skilled workers

Impact of using ChatGPT on performance, among 758 Boston Consulting Group staff

Score on consulting tasks

43% boost

17% boost

Unaided | With ChatGPT
Bottom-half skilled participants

Unaided | With ChatGPT
Top-half skilled participants

Source: Navigating the Jagged Technological Frontier: Field Experimental Evidence of the Effects of AI on Knowledge Worker Productivity and Quality (Dell'Acque et al, 2023)
© FT

Impact of being encouraged to use ChatGPT on performance in professional writing tasks*

Score on task

Encouraged to use ChatGPT

Control group

Lowest-skilled participants

Highest-skilled participants

*Writing press releases, reports, analysis plans, and delicate emails
Source: Experimental Evidence on the Productivity Effects of Generative Artificial Intelligence (Noy et al, 2023)

반면, 상위 50% 그룹은 17% 향상에 그쳤다.

이 결과는 AI가 단순한 생산성 향상 도구를 넘어, 조직 내 능력 격차를 줄이는 '평등화 도구'로 작용할 수 있다는 것을 시사한다. 이제 신입 사원도 AI의 도움을 받으면 2년~3년 차 대리급 이상의 퍼포먼스를 발휘하며, 만족스러운 결과물을 만들어낼 수 있는 시대가 된 것이다.

하지만 동시에 새로운 격차도 생겨나고 있다. 바로 AI 구독자와 비구독자 사이의 생산성 격차다. AI 구독 서비스를 활용하는 직원은 더 빠르고 정확하게 업무를 처리할 수 있지만, 비구독자는 기존 방식에 의존한 채 긴 시간과 노력을 들여야 하는 상황에 놓여 있다. 보고서 한 편을 작성하는 데, AI 구독자는 몇 시간 만에 마무리하는 반면, 비구독자는 며칠이 걸리는 경우도 있다. 이처럼 AI 구독은 더 이상 선택의 문제가 아니라, 실질적인 업무 경쟁력의 기준이 되어가고 있다.

보스턴컨설팅그룹의 연구가 보여주듯, AI는 우리의 능력을 '향상'시키는 데서 그치지 않는다. 더 정확히 말하자면, AI는 우리의 역량을 증폭시키는 '확장 장치'이자 '지능형 증폭기'다. 예를 하나 들어보자. 업무 수행 능력이 10점 만점에 6점으로 동일한 A와 B, 두 직원이 있다고 하자. A는 기본적인 AI만 활용해 증폭 효과가 5배, B는 다양한 AI 구독 서비스를 활용해 증폭 효과가 10배에 이른다고 가정해보자. 그 결과, A의 업무 성과는 30점(6×5), B는 60점(6×10)이 된다. 같은 출발점이었지만 AI 활용도에 따라 두 사람의 성과가 두 배 차이로 벌어진 것이다.

이 단순한 수치는 AI 구독과 활용 능력이 실질적인 성과 차이를 어떻게 만들어내는지를 단적으로 보여준다. 이것이 바로 AI 구독 시대의 새로운 현실이다. 이제는 개인의 기본 역량만으로는 충분하지 않다. AI라는 증폭기를 얼마나 잘 다루고, 얼마나 다양하게 업무에 적용할 수 있는지가 곧 경쟁력의 핵심이 된다.

당신은 지금 얼마나 많은 AI 증폭기를 알고 있고, 또 얼마나 활용하고 있는가? 이제 AI 구독은 선택이 아닌 생존 전략이다. 이번 장에서는 업무 성과를 극대화하기 위한 효과적인 AI 구독 전략에 대해 살펴보도록 하자.

AI로 진화하는 업무 도구들: 네 가지 핵심 영역

우리가 살아가는 디지털 세상은 무수히 많은 데이터로 가득 차 있다. 매일 생산되는 보고서, 기획서, 프레젠테이션 자료들은 모두 이러한 데이터의 조합과 가공을 통해 만들어진다. 그러나 아무리 많은 데이터가 존재하더라도, 그것이 효율적으로 활용되기 위해서는 구조화된 형태로 정리되어야 하며, 필요할 때 즉시 꺼내어 가공할 수 있어야 한다. 그리고 이 전 과정에서 AI의 역할은 점점 더 중요해지고 있다.

 데이터를 이루는 네 가지 핵심 요소

① 텍스트
② 이미지/영상
③ 보이스/사운드
④ 숫자/통계 데이터

이러한 데이터 유형에 맞춰 AI 도구들도 빠르게 진화하고 있다. 텍스트 생성 AI는 보고서 작성과 문서 요약을 돕고, 이미지 및 영상 생성 AI 는 프레젠테이션 자료와 마케팅 콘텐트 제작을 혁신하고 있다. 음성 및 사운드 생성 AI는 회의록 작성과 실시간 번역에 활용되며, 숫자와 통계 데이터를 분석하는 AI는 비즈니스 인사이트 도출과 미래 예측을 지원한 다. 특히 주목할 점은, 이제 이 AI 도구들이 더 이상 각각 따로 작동하지 않는다는 것이다.

각 데이터 유형을 다루는 AI 기술들이 유기적으로 연결되며, 다양한 정보를 통합적으로 활용하는 방향으로 발전하고 있다. 예를 들어, 텍스 트 기반 보고서에 AI가 생성한 이미지와 그래프를 삽입하고, 음성 데이 터를 텍스트로 변환한 뒤 숫자 데이터와 결합해 시각화하는 작업이 이 제는 흔한 일이 되었다. 이처럼 서로 다른 AI 기술의 융합은 업무의 생산 성을 비약적으로 향상시키고, 더 정교한 데이터 활용을 가능하게 한다.

결국 이 AI 도구들은 우리 업무 능력을 한 단계 끌어올리는 핵심 파트 너로 자리 잡고 있다. 지금부터는 AI가 각 영역에서 어떻게 우리 업무를 변화시키고 있는지, 네 가지 핵심 분야별로 살펴보자.

텍스트 생성 AI:
클로드, 그록3

    2022년 말 챗GPT의 등장으로 시작된 생성형 AI 혁명은 2025년에도 완전히 새로운 국면을 맞이하고 있다. 더 강력하고, 더 똑똑하며, 더 인간적인 AI들이 속속 등장하고 있기 때문이다. 이러한 변화는 단지 기술적인 진보에 그치지 않고, 우리의 일상과 업무 방식을 근본적으로 변화시키고 있다.

    이제 우리는 'AI를 사용할 것인가'의 질문을 넘어, '어떤 AI를 사용할 것인가'라는 새로운 선택의 기로에 서 있다. 각 AI는 저마다의 특별한 강점과 개성을 가지고 있으며, 업무의 성격과 목적에 따라 선택의 기준도 달라진다. 어떤 AI가 나의 업무에 가장 적합한지, 그리고 어떻게 하면 그 AI의 장점을 극대화해 실질적인 성과로 연결할 수 있을지를 고민해야 할 시점이다.

    이 글에서는 챗GPT 이후 가장 주목받고 있는 두 가지 생성형 AI를 중심으로 살펴보고자 한다. 이들의 특징과 장단점은 물론, 실제 활용 사례와 효과적인 프롬프트 전략까지 다루면서, 여러분의 업무를 한층 더 업그레이드해줄 AI 비서들을 소개할 예정이다.

클로드(Claude)

2024년 초, 온라인을 뜨겁게 달군 흥미로운 실험이 있었다. AI 연구자들이 동일한 과제를 챗GPT와 클로드에게 각각 부여한 결과, 많은 이들이 놀랄 만한 차이가 드러났다. 특히 장문의 분석 리포트 작성과 복잡한 코딩 작업에서 클로드가 챗GPT를 크게 앞서는 결과물을 보여주며, 이것은 AI 시장에 새로운 강자가 등장했다는 것을 알리는 신호탄이 되었다.

클로드는 오픈AI 출신 연구원들이 설립한 앤트로픽(Anthropic)이라는 회사에서 개발한 AI다. "더 안전하고, 더 윤리적인 AI"라는 철학을 바탕으로 탄생한 클로드는 출시 이후 꾸준히 성장해왔으며, AI 기술의 새로운 기준을 제시하고 있다.

실제로 현재 테크 스타트업을 운영하고 있는 대표는 이렇게 말했다.

> "처음에는 단순히 챗GPT의 대안 정도로 생각했어요.
> 하지만 실제로 사용해보니 완전히 다른 차원의 도구더군요.
> 특히 긴 문서를 분석하거나 복잡한 프로젝트를 설계할 때,
> 클로드는 마치 숙련된 시니어 개발자처럼
> 세세한 부분까지 짚어줍니다."

클로드의 가장 큰 강점은 '맥락 이해력'이다. 일반적인 AI가 단순히 질문에 답하는 수준에 머문다면, 클로드는 사용자의 의도를 보다 깊이 있게 파악하고 그에 맞는 해결책을 제시한다. 특히 더 넓은 콘텍스트 창을 제공해 복잡한 문서나 코드도 한 번에 처리할 수 있다는 점이 큰 장점이다.

글쓰기 분야에서도 클로드는 독보적인 성능을 보여준다. 다음은 한 마케팅 에이전시 팀장의 평가다.

> "클로드로 작성한 보고서는 마치 베테랑 작가가 쓴 것 같아요.
> 논리적인 구성은 물론이고, 문장의 자연스러움까지 훨씬 뛰어납니다."

2024년에는 클로드 3와 3.5 버전이, 2025년 3.7 버전이 연달아 출시되면서 성능이 한층 강화됐다. 특히 소네트(Sonnet)와 하이쿠(Haiku)라는 두 가지 특화 모델은 각각 정확성과 속도에 최적화되어 있어, 사용자는 업무 상황에 따라 적합한 모델을 선택할 수 있다. 클로드는 챗GPT와 비교했을 때 데이터 분석 능력에서도 두각을 나타낸다. 복잡한 데이터세트를 다루거나 심층적인 분석이 필요한 작업에서 클로드는 특히 강력한 도구로 평가받고 있다.

더욱 주목할 점은 클로드의 '윤리적 설계'다. 앤트로픽은 AI의 안전성과 책임감을 최우선 가치로 두고 있으며, 클로드는 편향된 답변을 줄이고 잠재적 위험이 있는 요청에 대해서는 신중한 접근을 취한다. 이러한 철학은 기업 환경에서 AI 도입을 고려할 때 매우 중요한 요소로 작용한다.

이제 AI 시장은 새로운 전환점을 맞이하고 있다. 더 이상 'AI를 쓸 것인가'의 문제가 아니라, '어떤 AI를 선택하고 어떻게 활용할 것인가'가 핵심이 되었다. 그런 의미에서 클로드는 단순한 AI 도구를 넘어, 우리의 업무와 창의성을 한 단계 끌어올려줄 수 있는 믿음직한 파트너로 자리매김하고 있다.

클로드 회원 가입 화면

✳ **Claude**

당신의 아이디어, 증폭되다

프라이버시 우선 AI로 자신 있게 창작하세요.

G **Google**로 계속하기

또는

이메일 주소를 입력하세요

이메일로 계속하기

구글 검색창에 '클로드'를 검색한 후 사이트에 들어간다. [Google로 계속하기]를 클릭하여 아이디를 만들 수도 있고, 기존에 가지고 있는 구글 세성으로 로그인할 수도 있다.

클로드 메인 화면

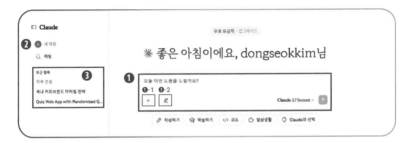

❶ 프롬프트 입력 창: [오늘 어떤 도움을 드릴까요?]라고 써 있는 프롬프트 창에 질문 또는 요청할 내용을 입력하고 '엔터' 또는 프롬프트 입력 창 우측 아이콘을 클릭한다.

❶-1(+ 버튼): '스타일 생성 및 편집' 기능이다. 사용자가 클로드와 대화할 때 사용할 맞춤형 스타일을 생성하고 편집할 수 있다.

❶-2(나뭇잎 버튼): 대화 스타일을 선택할 수 있는 메뉴다. 다음과 같은 옵션이 있다.

- Normal(기본): 기본 대화 스타일
- Concise(간결함): 짧고 핵심만 전달하는 스타일
- Explanatory(설명형): 자세한 설명을 제공하는 스타일
- Formal(격식체): 공식적이고 예의 바른 스타일

❷ 새 채팅: 이전 대화에 영향을 받지 않고 새 대화를 시작한다.

❸ 채팅 목록: 챗GPT는 이전 대화 내용을 기억할 수 있다. 이전 채팅을 불러와서 언제든 이어서 대화가 가능하다.

클로드 환경 설정하기

클로드를 보다 효과적으로 활용하려면 몇 가지 간단한 초기 설정을 해두는 것이 좋다. 좌측 사이드바 가장 하단에 있는 계정 아이콘을 클릭하면 설정 메뉴에 접근할 수 있으며, 이곳에서 클로드의 작동 방식과 사용자 경험을 원하는 방향으로 조정할 수 있다.

❶ 설정: 클로드의 전반적인 설정을 변경할 수 있는 메뉴다.

❷ 언어: 앱의 표시 언어를 선택하거나 변경할 수 있다.

❸ 도움 받기: 사용법이나 문제 해결을 위한 도움말 섹션으로 이동한다.

클로드 설정 화면

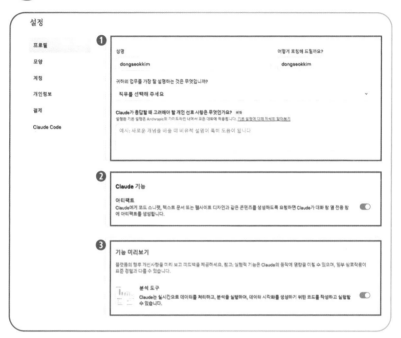

❶ 개인정보 입력 영역

사용자의 성명(Full name)과 호칭(What should Claude call you?)을 입력하는 영역이다.
성명 필드에는 본명을 입력하고, 호칭 필드에는 클로드가 대화 중 부를 이름이나
별명을 설정할 수 있다. 또한 직무 정보를 선택하여 클로드가 사용자의 업무 환경
에 맞는 맞춤형 답변을 제공하도록 할 수 있다. 하단의 텍스트 박스에는 클로드가
응답할 때 고려해야 할 개인적인 선호 사항이나 요구 사항을 자유롭게 입력할 수
있다.

❷ 클로드 기능 설정 영역

아티팩트(Artifacts) 기능의 활성화 여부를 결정하는 토글 스위치가 있다. 아티팩트

기능을 켜면 클로드가 코드, 문서, 차트 등을 생성할 때 대화창 옆 별도 영역에 실시간으로 표시되어 더 효율적으로 작업할 수 있다. 이 기능을 통해 생성된 콘텐츠는 바로 복사하거나 수정할 수 있어 작업 생산성이 크게 향상된다.

❸ 기능 미리보기 설정 영역

클로드의 최신 실험적 기능들을 미리 체험할 수 있는 영역이다. 현재 화면에는 '분석 도구' 기능이 표시되어 있으며, 이를 활성화하면 클로드가 실시간으로 데이터를 처리하고 분석할 수 있는 고급 기능을 사용할 수 있다. 새로운 기능들이 정식 출시되기 전에 먼저 테스트해볼 수 있어, 클로드의 최신 기능을 가장 빠르게 경험할 수 있다.

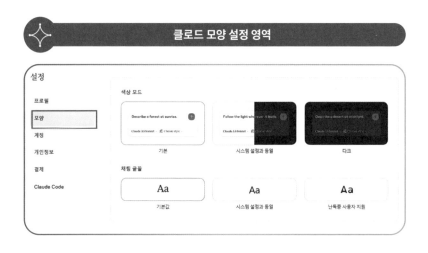

이 영역에서는 클로드 인터페이스의 시각적 외관을 사용자 취향에 맞게 바꿀 수 있다. 상단의 '색상 모드' 섹션에서는 대화 창의 전체적인 테마를 선택할 수 있으며, 기본(라이트 모드), 시스템 설정과 동일(시스템의 다크/라이트 모드 설정을 따름), 다크(다크 모드) 세 가지 옵션이 제공된다. 하단의 '채팅

글꼴' 섹션에서는 대화창에 표시되는 텍스트의 글꼴 스타일을 변경할 수 있다. 기본값, 시스템 설정과 동일, 난독증 사용자 지원 등의 옵션이 있어 가독성과 접근성을 향상시킬 수 있다. 이러한 설정을 통해 사용자는 자신에게 가장 편안하고 적합한 환경에서 클로드를 사용할 수 있다.

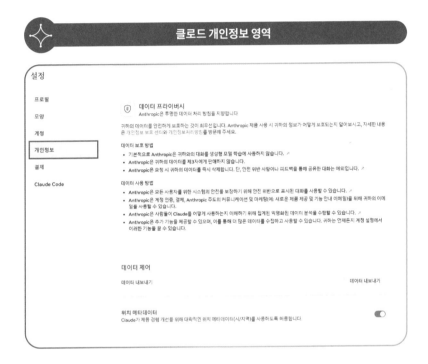

이 영역에서는 클로드 사용 시 발생하는 개인정보 보호와 데이터 관리에 관한 중요한 설정들을 조정할 수 있다. 상단의 '데이터 프라이버시' 섹션에서는 앤트로픽의 데이터 처리 방침에 대한 설명과 함께 사용자의 개인정보 보호 권리에 대해 안내한다. '데이터 보호 방법'에서는 기계학습과 앤트로픽의 대화 저장 및 처리 방식, 모델 훈련 시 데이터 사용 정책 등을 자세히 설명하고 있다. '데이터 사용 방법' 항목에서는 시스템 안전성 향상, 계정 암호, 결제 정보 등에 대한 앤트로픽의 데이터 활용 정책을 명시한다. 하단에는 '데이터 제어' 섹션이 있어 사용자가 직접 데이터 내보내기를 수행할 수 있으며, '위치 메타데이터' 토글을 통해 대화 시 위치 정보의 사용 여부를 선택할 수 있다. 이러한 설정들을 통해 사용자는 자신의 프라이버시를 보호하면서도 클로드의 기능을 효과적으로 활용할 수 있다.

클로드 활용해보기

클로드 역시 우리가 앞서 실습해본 챗GPT와 마찬가지로 다양한 AI 기능을 제공한다. 비전(이미지 분석) 기능을 활용한 데이터 분석, 엑셀 데이터 및 그래프와 같은 시각 자료 해석, 언어 번역, 장르별 글쓰기, 보고서 기획 등 주요 기능은 챗GPT와 유사하다. 그러나 클로드만의 차별화된 특징 중 하나는 바로 아티팩트 기능이다.

아티팩트 기능은 클로드와의 대화 중 독립적인 콘텐츠를 생성하는 방식으로 작동한다. 문서나 코드 작성을 요청하면 해당 기능이 자동으로 실행되며, 결과물은 대화 화면 우측의 별도 창에 표시된다. 기존 AI 모델들이 모든 내용을 하나의 대화창에서 처리하는 것과 달리, 클로드는 대화창과 아티팩트 창을 분리해 정보를 제공하기 때문에 시각적으로 더 명확하고 가독성이 뛰어나다.

특히 아티팩트로 생성된 콘텐츠는 지속적으로 업데이트할 수 있어 관리가 용이하다. 사용자는 초기에 생성된 문서를 계속 수정하며 발전시킬 수 있으며, 필요한 경우 클로드의 도움을 받아 보완 작업을 진행할 수도 있다. 이러한 방식은 문서 작업이 많은 사용자에게 특히 유용하며, 코드 작성이나 보고서 기획과 같은 작업에서도 높은 활용도를 제공한다.

결과적으로, 클로드의 아티팩트 기능은 AI를 활용한 콘텐츠 제작 및 관리의 효율성을 극대화하는 강력한 도구다. 이는 단순히 AI의 답변을 받아들이는 것을 넘어, AI와 협업하며 점진적으로 콘텐츠를 발전시켜 나갈 수 있는 새로운 접근 방식이라 할 수 있다.

 클로드 아티팩트 기능 활성화하기

Claude 기능

아티팩트
Claude에게 코드 스니펫, 텍스트 문서 또는 웹사이트 디자인과 같은 콘텐츠를 생성하도록 요청하면 Claude가 대화 창 옆 전용 창에 아티팩트를 생성합니다.

아티팩트 기능을 활용하려면 [설정]의 [프로필] 탭에서 [아티팩트] 항목의 스위치를 활성화해야 한다. 기능이 활성화된 것이 확인되었다면, 이제 몇 가지 예시를 통해 우리의 업무와 일상에서 이 기능을 어떻게 유용하게 활용할 수 있는지 살펴보자.

(1) 포모도로 타이머 만들기

얼마 전 고등학교에 입학한 조카가 학교에서 포모도로(25분 집중 후 5분 휴식을 반복) 공부법을 배우고 와서는 엄마에게 포모도로 타이머를 사달라고 조르는 모습을 보았다. 그 모습을 보며 조카의 공부에 도움이 될 수 있는 재미있는 포모도로 타이머를 만들어 선물해줘야겠다는 생각이 들었다.

조카를 위한 포모도로 만들기 프롬프트

중학생 조카를 위한 게임화된 포모도로 타이머 React 컴포넌트를 만들어주세요.
다음 기능을 포함해야 합니다.

① 25분 집중/5분 휴식 타이머
② 완료한 포모도로마다 포인트를 얻고 레벨업 시스템 추가
③ 귀여운 캐릭터가 집중/휴식 시간에 다른 모션 보여주기
④ 집중 시간에 응원 메시지 랜덤 표시
⑤ 하루 목표 설정 기능과 달성률 시각화
⑥ 밝고 경쾌한 색상 사용
⑦ 완료 시 축하 애니메이션 효과 디자인은 10대가 좋아할 밝고 친근한 스타일로 만들어주세요.

위 프롬프트를 입력하자 스스로 코딩작업을 통해 조카를 위해 이모
부가 만들어주는 세상에 단 하나뿐인 '포모도로 타이머'가 만들어지고
있다.

조카를 위해 포모도로 타이머 만들기 중

필자는 조카의 25분 집중도를 향상시키고 공부와 집중의 재미를 유도하기 위해 '포인트와 레벨업 시스템'을 적용해봤다. 각 포모도로 완료 시 10포인트를 획득하며, 특정 포인트에 도달하면 레벨업한다. 레벨이 높아질수록 다음 레벨에 필요한 포인트가 증가한다. 실제 이 부분에서 조카가 가장 큰 흥미를 느끼기도 했다.

(2) 데이터를 시각화하는 대시보드 만들기

현대의 비즈니스 환경에서는 매일 방대한 양의 데이터가 생성된다. 하지만 이 데이터를 단순히 수집하는 것만으로는 충분하지 않다. 중요한 것은 이 데이터를 어떻게 정리하고, 시각적으로 표현하여 의미 있는 인사이트를 도출하는가이다.

AI 기술의 발전으로 이제 데이터 분석과 시각화를 보다 쉽고 빠르게 수행할 수 있게 되었다. 특히 클로드의 아티팩트 기능을 활용하면, 복잡한 데이터를 자동으로 구조화하고 실시간으로 업데이트되는 인터랙티브 대시보드를 생성할 수 있다. 지금부터는 경영진 보고용 대시보드를 만들기 위한 기초 자료를 제작해보겠다.

 판매 데이터를 분석하여 경영진 보고용 대시보드를 만들기 위한 프롬프트

우리 회사의 판매 데이터를 분석하여 경영진 보고용 대시보드를 만들어주세요.
다음 요구 사항을 반영합니다.

① PPT생성 AI 감마UI 디자인 스타일 적용(깔끔하고 전문적인 디자인)
② 주요 KPI(매출, 이익, 신규 고객, 고객 유지율)를 상단에 카드 형태로 배치
③ 월별 매출 및 목표 달성률을 라인 차트로 시각화
④ 제품별 매출 비중을 파이 차트로 표현
⑤ 지역별 매출 및 이익을 비교할 수 있는 바 차트 포함
⑥ 연간/분기별 전환이 가능한 인터랙티브 필터 추가
⑦ 색상은 파란색과 녹색 계열로 통일하여 전문적인 느낌 강조
⑧ 모바일에서도 보기 좋은 반응형 레이아웃 적용 핵심 데이터의 관계와 트렌드가 한눈에 파악될
   수 있도록 작성

대시보드는 단순한 숫자의 나열이 아니라, 데이터 간의 관계와 패턴을 직관적으로 보여주는 중요한 도구다. 과거에는 엑셀과 같은 프로그램을 활용해 수작업으로 데이터를 정리하고 차트를 만들어야 했지만, 이제는 AI가 데이터를 스스로 분석하고 최적의 시각화 방식을 제안해준다.

필자의 보고용 대시보드 제작 샘플을 참고하여, 여러분이 보고하고자 하는 자료의 유형과 주제에 따라 적절히 변형해 활용해보기 바란다.

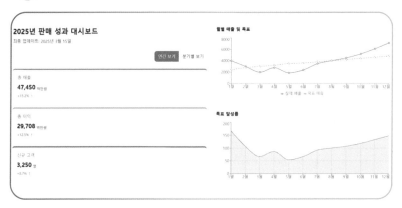

클로드 아티팩트를 통해 작성된 2025년 판매 성과 대시보드

이제 데이터를 단순한 숫자가 아니라, 의미 있는 인사이트로 전환해야 할 때다. 클로드의 아티팩트 기능을 활용한 대시보드는 데이터의 복잡성을 줄이고, 보다 효율적인 데이터 활용을 가능하게 한다.

정보의 바다에서 중요한 인사이트를 빠르게 찾아내고 이를 시각적으로 표현하는 것이야말로 AI 구독 서비스의 핵심 경쟁력이 될 것이다. 이제 AI 대시보드를 활용해 비즈니스 인사이트를 극대화하고, 더 나은 미래를 설계해보자.

(3) 회의 요약 및 인사이트 도출

매일 반복되는 회의, 하지만 얼마나 많은 회의가 실질적인 결과로 이어질까? 중요한 논의와 결정 사항들은 회의가 끝난 후 흐지부지되기 쉽고, 회의를 통해 도출되어야 할 인사이트들은 시간이 지날수록 기억 속에서 점점 사라지게 마련이다. 이를 해결하기 위해 AI 기반 회의 요약 및 인사이트 도출 트래커를 활용하면 회의의 생산성을 극대화할 수 있다.

React로 팀 협업을 위한 고급 회의 요약 및 인사이트 도출 트래커를 만들어주세요.
다음 기능을 포함해야 합니다.

① 회의 메타데이터 입력 섹션
- 회의 제목, 날짜, 시간, 장소
- 참석자 목록 (추가/삭제 가능)
- 회의 유형 선택 (정기 회의, 프로젝트 회의, 브레인스토밍 등)
② 회의 내용 입력 영역
- 마크다운 지원 텍스트 에디터
- 회의 내용을 실시간으로 분석하는 기능
③ AI 요약 기능
- 주요 논의 사항 자동 요약
- 결정 사항 자동 추출
- 위험 요소 및 이슈 식별
④ 액션 아이템 관리
- 담당자, 업무, 우선순위, 마감일 자동 추출
- 액션 아이템 상태 관리 (미시작, 진행 중, 검토 중, 완료)
- 담당자별 필터링 기능
- 마감일 기준 정렬 및 알림 표시
⑤ 데이터 시각화
- 회의 효율성 지표 차트
- 팀별/담당자별 액션 아이템 분포 그래프
- 마감일 접근 상황 진행바
⑥ 공유 및 저장 기능
- PDF 내보내기 버튼
- 팀원 알림 설정

Tailwind CSS로 깔끔하고 전문적인 UI를 구현하고, 모바일 반응형 디자인을 적용해주세요. 각 섹션은 접고 펼칠 수 있게 구현하여 사용자 경험을 향상시켜주세요.

처음에는 간단한 회의록을 AI 도구에 입력해보자. AI가 자동으로 분석한 결과를 확인하고, 점차 더 복잡한 회의로 확장해 나가면서 시스템을 팀의 업무 방식에 맞게 최적화할 수 있다.

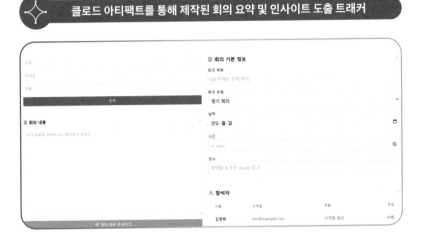

이제 회의는 단순한 논의가 아닌, 실질적인 성과로 이어지는 과정이 될 수 있다. AI 기반 회의 요약 및 인사이트 도출 트래커를 활용하면 회의의 모든 가치를 놓치지 않고 최대한 활용할 수 있다.

그록3(Grok3)

최근 AI업계에서 가장 큰 주목을 받고 있는 모델 중 하나가 바로 그록 3이다. 그록 AI는 일론 머스크가 주도하는 xAI 프로젝트의 최신 AI 모델로, 2025년 2월에 공식 출시되었다. 이전 버전에 비해 성능이 크게 향상되었을 뿐만 아니라, 보다 혁신적인 기능들이 추가되면서 AI 연구자와 개발자, 일반 사용자들에게까지 폭넓은 관심을 받고 있다.

그록3는 강력한 자연어 처리(Natural Language Processing, NLP) 성능은 물론, 이미지 및 코드 생성, 실시간 데이터 분석 등 다양한 영역에서 활용할 수 있도록 설계되었다. 이번 글에서는 그록3의 주요 특징과 다운로드 방법, 그리고 활용법에 대해 자세히 살펴보겠다. 먼저 구글 검색창에 그록 AI 를 검색하면 나오는 그록 AI 홈페이지에 접속한 뒤 우측 상단의 [TRY GROK]을 클릭한다.

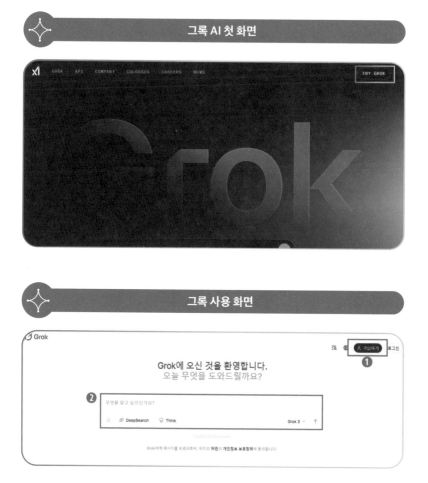

❶ [가입하기] 클릭: 구글, 애플 ID로 가입, X(구. 트위터) 계정으로도 가입이 가능하다.

❷ 프롬프트 입력 창: [무엇을 알고 싶으신가요?]라고 써 있는 프롬프트 창에 질문 또는 요청할 내용을 입력하고 '엔터' 또는 프롬프트 입력 창 우측 아이콘을 클릭한다. 특히 프롬프트 입력 창 하단에 위치한 설정 버튼들은 그록이 더 스마트하게 답변을 생성할 수 있도록 돕는 도구들이다.

• DeepSearch: AI가 답변을 생성할 때 더 깊이 있는 정보를 탐색하도록 도와주는 기능이다. 복잡하거나 전문적인 질문을 할 때 유용하게 활용할 수 있다.

• Think: 사람이 곰곰이 생각하듯, 그록이 잠시 '생각할 시간'을 가지도록 해주는 모드다. 이 기능을 활성화하면 보다 정확하고 신중한 답변을 받을 수 있다.

질문의 난이도와 의도에 따라 위 두 설정을 적절히 활용해보자. 처음에는 하나씩 실험해보면서, 생성된 답변의 퀄리티에 따라 두 가지 모드를 어떻게 조합할지 결정하는 것이 좋다.

그록 AI를 보다 효과적으로 활용하려면 세 가지 모드(일반, DeepSearch, Think)가 각각 어떤 상황에 적합한지 이해하는 것이 중요하다. 아래 표와 설명을 통해 일반 모드, DeepSearch, Think 모드를 언제 사용하면 좋을지, 그리고 어떤 주제에 적합한지를 확인해보자. 이 표를 참고하면 상황에 맞는 모드를 보다 쉽고 빠르게 선택해 효과적으로 활용할 수 있다.

다음 표를 통해 각 모드의 활용 시점과 목적에 따른 차이를 명확히 확인할 수 있다. 상황에 따라 가장 적합한 모드를 선택해 활용하면, 생성형 AI의 능력을 극대화하여 업무의 질과 생산성을 크게 향상시킬 수 있다.

앞서 살펴본 챗GPT 활용법을 통해 우리는 생성형 AI가 어떻게 우리의 업무와 일상을 혁신적으로 변화시킬 수 있는지 확인했다. 그록 AI 역시 챗GPT와 마찬가지로 보고서 작성, 문서 요약, 핵심 인사이트 도출, 여행 계획 수립, 그리고 개인 맞춤형 건강 식단과 운동 루틴 설계에 이르기

그록 AI 모드별 주요 사용/활용 방법

모드	활용 시점	주제 예시	구체적 활용 사례
일반	신속한 정보 습득 및 간단한 일상 업무	간단한 이메일 작성, FAQ 작성, 기본 용어 설명	• 회의 일정과 안건 간략 정리 • 그록, 챗GPT의 차이점과 사용법 간단 설명
DeepSearch	특정 주제의 심층 조사 및 분석	시장 경쟁사 분석, 논문 리뷰, 기술 동향 조사	• 아시아 건강 음료 트렌드 분석 • AI 기술 발전 주요 논문 요약
Think	복잡한 문제 해결 및 전략적 아이디어	마케팅 전략 수립, 갈등 해결 방안, 중장기 기획 전략	• 매출 20% 증가 전략 단계별 수립 • 팀 갈등 원인 분석 및 해결 방안 제시

까지, 다양한 영역에서 효율성을 극대화해주는 든든한 조력자가 될 것이다.

생성형 AI의 진정한 가능성은 텍스트의 영역을 넘어 이미지의 세계로까지 확장되고 있다. 이제 AI는 단순히 글을 쓰는 것을 넘어서, 이미지를 분석하고 직접 창작하는 능력까지 갖추게 되었다. 여러분이 상상하는 그림에 대한 간단한 설명과 함께 "~그려줘"라는 프롬프트를 입력하면, AI는 여러분의 상상력을 시각적으로 구현한 창의적인 이미지를 순식간에 만들어낸다.

Show more   아크릴 물감 스타일   우정의 깃발   운동장의 황혼   ×

※한 번에 네 장의 이미지를 그려준다.

이러한 이미지 생성 기술은 디자인 작업, 마케팅 자료 제작, 제품 콘셉트 시각화, 스토리텔링 등 다양한 분야에서 혁신적인 변화를 일으키고 있다. 전문적인 디자인 기술이 없는 사람들도 자신의 아이디어를 시각적으로 구현할 수 있게 되었으며, 디자이너들은 초기 콘셉트를 빠르게 시각화해 작업 효율을 크게 높일 수 있게 되었다.

더 나아가 AI는 이미지 생성뿐만 아니라 이미지 분석 능력도 갖추고 있다. 사용자가 업로드한 이미지의 내용을 파악하고, 이에 대한 통찰력 있는 설명이나 분석을 제공할 수 있다. 예를 들어, 여행 중 찍은 사진 속 건축물이나 자연경관에 대한 정보를 얻거나, 제품 이미지를 분석해 마케팅 문구를 생성하는 데 활용할 수 있다.

이제부터는 이미지를 분석하고 생성하는 다양한 AI 도구들을 자세히 살펴보고, 이를 실생활과 업무에 어떻게 적용할 수 있을지 구체적인 예시를 통해 알아보겠다. 여러분의 상상력과 AI 기술이 만나 어떤 새로운 창작물을 탄생시킬 수 있을지, 그 무한한 가능성을 함께 탐험해보자.

이미지 생성 AI:
빙 이미지 크리에이터, 레오나르도 AI

우리가 살아가는 세상은 점점 더 비주얼 중심의 환경으로 변화하고 있다. SNS에서 공유되는 이미지, 광고 디자인, 제품 브랜딩, 교육 콘텐트에 이르기까지 이미지는 단순한 시각 자료를 넘어, 강력한 커뮤니케이션 도구로 자리 잡고 있다.

이러한 변화 속에서 이미지 생성 AI 도구는 우리의 삶과 업무를 혁신적으로 변화시키고 있다. 단 몇 개의 키워드만 입력하면 AI가 즉시 창의적인 이미지를 생성하고, 복잡한 디자인 작업도 빠르고 손쉽게 해결할 수 있다. 예전에는 전문적인 디자인 소프트웨어를 다루는 기술이 필요했지만, 이제는 AI 덕분에 누구나 손쉽게 원하는 이미지를 제작할 수 있는 시대가 열렸다.

2022년 8월, 한 개발자가 생성형 AI '미드저니'를 이용해 그린 「스페이스 오페라 극장」 작품이 미술대회에서 1위를 차지한 사건은 많은 사람들에게 이미지 생성 AI의 가능성을 각인시키는 계기가 되었다. 이처럼 누구나 이미지 생성 AI 툴을 활용해 입력 창에 간단한 프롬프트만 입력하면, 멋진 디지털 아트 결과물을 손쉽게 만들어낼 수 있는 시대가 되었다.

AI 도구를 제대로 이해하고 활용할 수 있다면, 우리는 더 창의적이고 효율적인 방식으로 아이디어를 실현할 수 있을 것이다. 필자와 함께 단 10분만 투자하면, 이 책의 내용을 바탕으로 여러분도 원하는 다양한 이미지를 직접 생성할 수 있게 될 것이다. 이제, 이미지 생성 AI의 세계로 함께 떠나보자.

빙 이미지 크리에이터(Bing image Creator)

빙 이미지 크리에이터는 기존에는 마이크로소프트 엣지 브라우저에서만 사용이 가능했지만, 이제는 크롬 브라우저에서도 이용할 수 있다. 사용법은 다음과 같다. 구글에서 '빙 이미지 크리에이터'를 검색하고 홈페이지에 접속한 후, 마이크로소프트 계정으로 로그인하거나 간단히 회원 가입을 하면 된다.

이제 여기까지 따라온 독자라면, 처음 보는 메인 화면이라도 크게 낯설지 않을 것이다. 지금부터 빙 이미지 크리에이터의 첫 화면과 각 기능의 용도에 대해 간단히 설명하겠다.

 빙 이미지 크리에이터의 메인 화면

❶ 프롬프트 입력 창: 내가 만들고 싶은 이미지에 대한 설명을 입력하는 공간이다.

❷ 입력 방식: 프롬프트 입력 후 '엔터' 키를 누르거나 '만들기' 버튼을 클릭한다.

❸ 부스트 기능: 빙 이미지 크리에이터는 '부스트'를 활용해 이미지를 빠르게 생성할 수 있다. 계정을 생성하면 초기에는 15개의 부스트가 제공된다. 부스트 수량은 수시로 변동될 수 있다. 모든 부스트를 소진한 이후에도 이미지는 계속 무료로 생성할 수 있지만, 이 경우 서버 혼잡도에 따라 생성 시간이 다소 길어질 수 있다. 부스트는 매일 갱신되며, 계정마다 갱신 시간에는 차이가 있다.

❹ MS 리워드 포인트: 마이크로소프트의 에코시스템을 통해 얻은 MS 리워드 포인트로 추가 부스트를 얻을 수 있다. 예를 들어 이미지를 1회 생성하면 3포인트를 얻고, 주요 기사를 읽거나 퀴즈를 풀고, 일일 작업을 완료하면 포인트가 적립된다. 500포인트로 5개의 부스트를 구매할 수 있다.

❺ 아이디어 탐색: 메인 화면에 보이는 이미지에 마우스 커서를 올리면 해당 이미지에 사용된 프롬프트를 확인할 수 있다. 이미지를 클릭하면 더 자세한 프롬프트 내용과 함께 다운로드, 공유, 저장, 의견 남기기 등의 기능도 사용할 수 있다.

❶ 창작물: 한 번의 이미지 생성 요청을 입력하면 총 4장의 이미지가 생성된다.

❷ 최근: 사용자가 생성했던 이미지들은 자동으로 '최근' 탭에 저장된다. 이 기능은 챗 GPT의 History 메뉴와 유사하며, 생성된 이미지를 클릭하면 당시 사용한 프롬프트를 다시 확인하거나 수정할 수 있어 반복 작업 시 유용하다. 최근 생성한 20개의 이미지만 이미지 작업 목록에 보관된다. 다시 말해, 21번째 이미지를 생성하면 가장 먼저 작업한 1번 이미지는 작업 목록에서 더 이상 확인할 수 없다. 따라서 생성 후 마음에 드는 이미지는 반드시 별도로 저장해두는 것을 권장한다.

이미지 저장 기능

빙 이미지 크리에이터에는 이미지 저장 기능이 있다. 우측 상단의 [삼색 선]을 클릭한 후 [컬렉션] 메뉴를 선택하고, '새 컬렉션 시작'을 통해 나만의 폴더를 생성하면 된다.

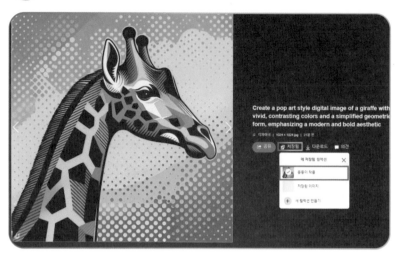

내가 생성한 그림 중 보관이 필요한 경우, 해당 그림을 클릭한 뒤 '공유' 옆에 있는 '저장' 버튼을 클릭해 내가 만든 컬렉션에 저장하면 된다.

레오나르도 AI(Leonardo AI)

미드저니와 유사한 이미지 생성 AI인 레오나르도 AI는 웹 기반 이미지 생성 서비스로, 앞서 소개한 플레이그라운드 AI처럼 별도의 프로그램 설치 없이 누구나 쉽게 사용할 수 있다. 초보자도 손쉽게 활용할 수 있도록, 주요 키워드만 입력하면 자동으로 프롬프트를 생성해주는 프롬프트 생성 기능도 제공한다. 무료 계정은 하루에 150 토큰을 제공하며, 이 토큰은 매일 150개로 재설정된다. 토큰은 이미지 생성뿐만 아니라, 이미지 수정 및 후처리 작업에도 사용된다.

이미지 생성 레오나르도 AI 메인 화면

검색창에 레오나르오 AI라고 검색하고 홈페이지에 접속하면 다음과 같은 페이지가 나타난다. 'Get Started' 버튼을 클릭하면 애플, 구글, 마이크로소프트 아이디로 간단하게 회원 가입이 가능하다.

레오나르도 이미지 생성 화면

레오나르도 AI 사용 방법

회원 가입 완료 후 메인 페이지 좌측 [User Tools] - [Image Generation] 메뉴 탭 또는 상단 중앙의[Image Generation] 아이콘을 클릭한다.

레오나르도 AI 이미지 생성을 위한 주요 기능들

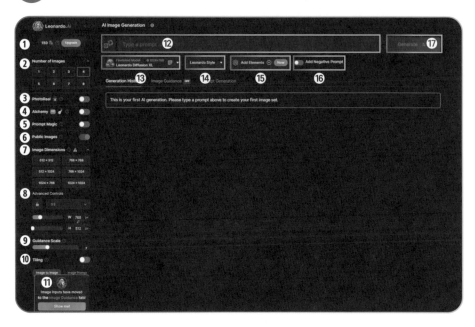

❶ 현재 보유 중인 토큰 수 확인: 이미지 생성 및 후처리 작업에 필요한 토큰은 회원 가
  입 시 150개가 주어지며, 매일 150개로 자동 충전된다.

❷ Number of Images: 생성할 이미지의 개수를 선택할 수 있다.

❸ Photo Real: 실제와 유사한 이미지를 생성할 수 있는 옵션으로, 활성화하면 프롬프
  트 입력 창 아래의 모델 선택 메뉴와 세부 메뉴가 함께 변경된다. 해당 옵션 사용 시
  소모되는 토큰 수가 증가한다.

❹ Alchemy: 모델 선택에 따른 세부 메뉴가 더욱 다양해진다. 이 옵션 역시 사용 시 토
  큰 소모량이 늘어난다.

❺ Prompt Magic: 프롬프트 내용을 보다 정밀하게 반영해 향상된 이미지를 생성한다.
  사용 시 토큰이 더 많이 소모된다.

❻ Public Images: 이미지 공개 여부를 설정할 수 있는 메뉴로, 무료 사용자 계정은 기본적으로 '공개'로 설정되어 있다.

❼ Image Dimensions: 이미지의 해상도를 선택할 수 있으며, 768×1024 해상도부터는 소모되는 토큰 수가 증가한다.

❽ Advanced Controls: 이미지의 비율과 픽셀 크기를 선택할 수 있다.

❾ Guidance Scale: 프롬프트 강도를 설정하는 옵션으로, 값이 높을수록 프롬프트 내용을 충실하게 반영한다.

❿ Tiling: 이미지를 작은 타일로 분할해 패턴 형태로 구성하는 기능으로, 반복적인 텍스처나 배경에 적합하다.

⓫ Image to Image: 참고할 이미지를 업로드하고, 이를 기반으로 새로운 이미지를 생성할 수 있다.

⓬ Prompt: 영어로 프롬프트 내용을 입력하는 입력 필드이다.

⓭ Finetuned Model: Leonardo.Ai에서 제공하는 다양한 모델을 선택할 수 있다.

⓮ Leonardo Style: 선택한 모델에 따라 적용할 수 있는 세부 스타일을 설정할 수 있다.

⓯ Add Elements: 최대 4개의 요소를 결합하거나, 하나의 요소를 단독으로 사용할 수 있다. 각 요소의 가중치를 조절해 결과를 세밀하게 조정할 수 있으며, 나만의 조합으로 유니크한 이미지를 생성하는 데 유용하다.

⓰ Add Negative Prompt: 이 옵션을 활성화하면 생성되는 이미지에서 제외하고 싶은 키워드를 입력할 수 있는 창이 나타난다. 원하지 않는 요소나 분위기, 색감을 입력하면 더 완성도 높은 이미지를 생성하는 데 도움이 된다.

⓱ Generate: 이미지 생성 버튼을 누른다.

레오나르도 AI 프롬프트 작성 팁

Prompt Generation 기능을 활용한 프롬프트 작성

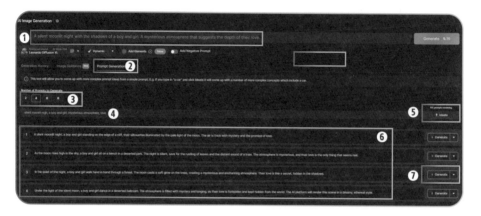

❶ 기본적으로 우리가 생각하는 프롬프트를 입력하는 창이다. 여기에 원하는 키워드 나 명령어를 입력한 후 '생성' 버튼을 누르면 된다. 생성형 AI에서 좋은 콘텐츠를 만 들기 위해서는 좋은 프롬프트를 작성하는 것이 중요하다. 하지만 그리고 싶은 그림 은 떠오르는데 어떤 프롬프트를 입력해야 할지 막막할 수 있다. 그럴 때 레오나르 도 AI에서는 걱정할 필요가 없다.

❷ [Prompt Generation] 도구를 사용하면, 간단한 프롬프트를 기반으로 더 복잡하고 완성도 높은 프롬프트 아이디어를 얻을 수 있다.

❸ 생성할 이미지의 개수를 선택한다.

❹ 원하는 이미지를 간단하게 나타낼 수 있는 프롬프트를 입력한다.

❺ Ideate 버튼을 클릭한다.

❻ 관련된 더 다양하고 풍성한 프롬프트들이 자동으로 추천된다. 추천된 프롬프트는 자유롭게 수정할 수도 있다.

❼ Generate 버튼을 클릭하면, 해당 프롬프트에 맞춰 멋진 이미지가 생성된다.

필자는 '선선한 가을 밤, 감성 가득 듣기 좋은 노래' 콘텐트의 썸네일에 들어갈 아기자기한 이미지를 생성하고 싶었다. 그래서 Prompt Generation 기능을 활용해 직접 이미지를 만들어보았다. 생성 프롬프트는 총 4개였으며, 핵심 키워드는 'silent moonlit night, boy and girl, mysterious atmosphere, love'로 입력했다. 이후 Ideate 버튼을 클릭하자, 약 10초 만에 위 키워드를 반영한 프롬프트들이 자동으로 생성되었다. 그중 ②번 프롬프트를 선택한 뒤 Generate 버튼을 클릭했다.

선선한 가을밤, 듣기 좋은 플레이리스트에 딱 어울리는 감성 이미지가 생성되었다. 다른 사람들이 만든 이미지를 참고하여 프롬프트와 표현 방식을 살펴보고, 이를 바탕으로 수정 작업을 반복하다 보면 나만의 이미지를 더욱 정교하게 만들어낼 수 있다. 이 과정을 통해 좋은 퀄리티의 이미지를 쉽고 즐겁게 생성할 수 있게 될 것이다. '백문이 불여일용(百聞不如一用)', 백 번 듣는 것보다 한 번 사용하는 것이 낫다는 것을 꼭 기억하자.

보이스/사운드 요약정리 AI:
트로우 AI, 릴리스 AI

업무를 하다 보면 다양한 자료를 빠르게 파악하고 적용해야 할 때가 많다. 특히 해외 트렌드 영상, 컨퍼런스 기조연설, 기술 분석 동영상 등은 반드시 확인해야 한다. 하지만 이를 하나하나 시청하고 분석하는 데는 많은 시간과 노력이 소요된다. 더군다나 전문 통역이나 번역이 필요한 경우라면 상당한 비용과 시간까지 추가로 들게 된다.

하지만 이제 그런 걱정은 끝났다. AI가 우리의 시간을 아껴주는 똑똑한 비서가 되어주고 있기 때문이다. 트로우(Traw)나 릴리스(Lilys)와 같은 AI 서비스는 유튜브 링크만 입력하면 영상의 핵심 내용을 순식간에 요약해주고, 주요 장면들을 스냅샷으로 제공해준다. 마치 영상을 전부 시청하고 메모까지 대신해주는 개인 비서를 둔 것 같은 경험이다.

이러한 AI 도구는 두 가지 측면에서 특히 유용하다.

첫째, 콘텐트 제작자 입장에서 자신의 영상을 다른 플랫폼으로 확장하는 데 도움이 된다. 예를 들어 유튜브에 올린 영상을 블로그 포스팅이나 뉴스레터용 콘텐트로 재가공할 때, AI가 제공하는 요약본이 훌륭한 초안 역할을 해준다.

둘째, 콘텐트 소비자 입장에서는 빠르게 변화하는 트렌드를 효율적으로 파악할 수 있다. 구독 중인 채널의 새로운 영상들을 AI가 자동으로 요약해주기 때문에, 핵심 내용만 빠르게 훑어볼 수 있는 것이다.

특히 해외 콘텐트의 경우, 번역과 요약을 동시에 제공받을 수 있어 시간과 비용을 크게 절약할 수 있다. 1시간짜리 해외 컨퍼런스 영상도 AI의 도움을 받으면 1분 안에 핵심 내용을 파악할 수 있다. 더 이상 모든 영상을 처음부터 끝까지 시청할 필요는 없다.

AI의 도움을 받아 콘텐트를 더 스마트하게 소비하고, 나아가 여러분만의 새로운 콘텐트로 발전시켜보자. 지금부터 이러한 AI 도구들을 더욱 효과적으로 활용하는 구체적인 방법을 알아보자.

트로우 AI(traw AI)

먼저 검색창에 '트로우 AI'를 입력해 홈페이지에 접속한다. 이후 익숙한 가입 창이 나타나며, 구글 아이디를 통해 간편하게 가입할 수 있다.

요약정리에 특화된 트로우 AI의 메인 화면

트로우는 유튜브 영상 요약뿐만 아니라, 사용자가 보유한 파일도 요약할 수 있는 기능을 제공한다.

유튜브 링크 제공 시, 해당 영상의 주요 타임 구간별로 핵심 내용을 요약해준다. 요약은 한국어를 포함해 영어, 중국어, 프랑스어 등 총 9개국 언어로 제공된다. 또 요약이 필요한 문서나 음성 파일을 업로드하면 자동으로 내용을 분석하고 요약해준다.

한 달에 300 크레딧이 무료로 충전되며, 유튜브 영상은 1분당 1 크레딧, 영상 및 오디오는 1분당 2 크레딧이 소모된다. 이를 기준으로 유튜브 영상은 한 달에 최대 300분(약 6시간) 분량까지 요약해볼 수 있다.

트로우 AI를 활용해 요약된 필자의 유튜브 강의 영상

필자의 유튜브 채널에 업로드한 '챗GPT-4 무료로 사용하기 꿀팁' 영상 콘텐츠에 대해 요약을 요청해보았다. 결과는 매우 만족스러웠다. 주요 내용을 임팩트 있게 잘 선정해 요약했을 뿐만 아니라, 영상 전체를 아우르는 정리도 훌륭했다.

특히 콘텐트 영역에서는 타임별 주요 장면과 해당 구간의 내용을 간결하게 요약해주는 기능이 인상적이었다. 만약 내가 처음 접하는 분야나 주제의 영상이라면, 사전 정보를 빠르게 파악하는 데 이 기능이 큰 도움이 될 것이다.

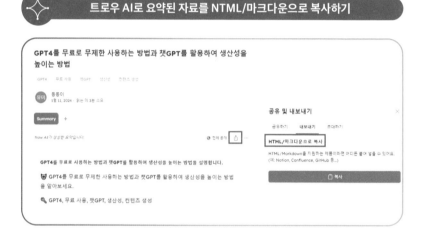

해당 영상의 요약본은 블로그에 손쉽게 업로드할 수 있으며, 이를 통해 추가적인 채널 및 영상 콘텐트 홍보도 가능하다. 상단의 '공유 및 내보내기' 버튼을 클릭하면 'HTML/마크다운으로 복사' 탭이 나타난다. 여기서 '복사' 버튼을 누른 뒤, 내 블로그의 입력 창에 그대로 붙여넣으면 된다.

필자의 블로그에 붙여넣기(Ctrl+V)를 해보니, 영상의 원본 링크와 함께 깔끔하게 정리된 요약 내용이 자동으로 첨부되었다. 다만, 블로그에 업로드할 때는 바로 발행 버튼을 누르기보다는 약간의 수정 과정을 거치는 것이 좋다.

예를 들어, 영상 링크가 글의 가장 상단에 위치할 경우, 독자가 본문을

읽지 않고 바로 유튜브로 이탈할 가능성이 높기 때문에 링크는 하단으로 이동시키는 것이 효과적이다. 또한 요약된 내용은 긴 영상을 압축한 것이기 때문에 일부 빠진 정보나 맥락이 있을 수 있다. 따라서 영상 내용을 다시 한번 살펴보며 살을 붙이고, 블로그 상위 노출을 위해 타깃 키워드도 적절히 배치한 뒤 발행하는 것을 추천한다.

릴리스 AI(Lilys AI): 요약정리 & 실시간 녹음 및 음성 번역

영어 기반 생성형 AI 모델인 트로우는 해외 영상이나 문서 분석에는 탁월하지만, 한국어 콘텐츠에서는 다소 부족한 부분이 있었다. 그러나 이제 그런 아쉬움은 덜어도 된다. 바로 한국어에 특화된 요약정리 AI, 릴리스가 있기 때문이다.

릴리스는 단순히 한국어에 강한 AI가 아니다. 다국어 번역과 요약 기능까지 지원하며, 점점 더 정교하게 발전하고 있다. 현재 지원되는 언어는 한국어, 영어, 일본어, 중국어를 비롯해 스페인어, 포르투갈어, 이탈리아어, 독일어, 프랑스어, 인도네시아어, 베트남어까지 다양하다. 게다가 이 리스트는 계속해서 확장되고 있어, 글로벌 시장을 겨냥한 콘텐트 분석에도 충분히 활용할 수 있다.

먼저 검색창에 '릴리스 AI'를 입력해 홈페이지에 접속한다. 한국에서 개발된 서비스인 만큼, 구글 계정뿐만 아니라 네이버 아이디와 연동해 가입할 수 있다. 간단한 회원 가입 과정을 마치면 다음과 같은 메인 화면이 나타난다.

요약정리에 특화된 릴리스 AI 메인 화면

❶ 업로드: 분석을 원하는 포맷을 설정한다. 비디오, 오디오, 텍스트, PDF, 워드, PPT 파일 업로드가 가능하며, 녹음 버튼을 누르면 실시간 녹음을 통한 요약정리도 가능하다.

❷ 열기: 기존에 분석했던 자료도 불러와서 같이 요약할 수 있다.

릴리스 AI의 요약정리 기능

직접 실험해본 결과, 동일한 유튜브 링크를 트로우 AI와 릴리스 AI에 각각 적용했을 때 릴리스가 훨씬 더 풍부한 정보와 정확한 요약 결과를 제공했다. 특히 영상 속 한국어를 자연스럽고 정제된 문장으로 요약해 주는 점이 인상적이었다.

이전에는 유튜브 영상을 제작한 후, 타임스탬프별 핵심 내용을 수동으로 입력하는 데 많은 시간이 걸렸지만, 릴리스를 활용하면 자동으로 구간별 요약과 시간 정보까지 정리해주기 때문에 영상 분류 작업이 매우 간편해진다. 그럼 각각의 상세 기능들에 대해서 살펴보자.

 릴리스 AI가 요약정리 해준 필자의 유튜브 강의 영상

- 핵심 요약: 소스의 핵심 내용을 빠르게 파악할 수 있다.

- 타임 라인 요약: 소스의 내용을 누락 없이 꼼꼼히 파악할 수 있다.

- 스크립트: 소스의 전체 원문을 볼 수 있다.

- 마인드맵: 마인드맵으로 시각화하여 개념의 구조화에 도움을 준다.

- 대화노트: 대화 형식을 통해 어려운 개념을 더 쉽게 이해할 수 있다.

- 타임스탬프: 주요 구간별 타임스탬프와 소제목이 포함되어 있다.

- 블로그 글: 블로그 스타일로 작성된 요약 노트를 제공해준다.

릴리스 AI의 요약 노트 기능

1. 🚀 지능 증강의 시대와 AI의 역할 ⊙ ▶ 00:00:01 (3분)

- 근력의 강화가 주요했던 1차 및 2차 산업혁명 시대와 달리, 3차 및 4차 산업혁명은 **지능 증강의 시대**로 알려져 있다[10].
- 과거에는 도서관에서 직접 자료를 찾아 기록함으로써 지식과 경쟁력을 확보했으나, 이제는 인터넷 ⊙ 검색으로 빠르게 정보를 얻는 시대가 되었다[13].
- 현재는 검색의 ~~~~~~~~~~~~~~~~~~~~~~~~~~~~~~~~~~~~ 를 생성하고 자신의 콘텐츠로 만드~~~

  A: GPT4 무료로 무제한 사용하는 꿀팁 ⬆ 생산성을 높...
  어, 예전에는 우리가 어떤 정보들을 어 찾을 때 어떻게 했나요? 도
- AI는 인간의 ~~~ 서관에 가서 직접 책을 검색해서 그 책을 읽고, 그리고 메모하고 기 그렇지 못한 사람 간의 **대결 구도**를 록해서 그 정리의 내용들을 잘 방대하게 가지고 있는 사람들이 지 식인이고, 그리고 어 똑똑한 사람, 그리고 그 사람들이 그걸로 인해
- 향후 **스마트 ~~~** 서 경쟁...

요약 노트를 보다 이 내용이 영상 어느 부분에서 나왔는지에 대한 팩트 체크가 필요한 경우가 있다. 이럴때는 요약 노트에 [13]과 같은 모양으로 표시된 숫자를 눌러주면 다음과 같이 요약의 근거가 되는 원문 소스를 바로 확인할 수 있다.

3. 🔍 뤼튼의 사용법 및 프롬프트 활용법 🔍 ▶ 00:06:22 (3분)

또 이메일로 회원가입이 가능합니다

- 뤼튼의 좌측 상단 메뉴에는 **채팅**, AI 스토어, 공유, 트렌드가 있으며, 채팅은 챗 GPT와 유사하게 질문을 입력하면 답을 제공받는 방식이다 [43].
- 사용자들은 GPT 3.5 또는 GPT-4를 선택하여 다양한 질문에 대한 답변을 빠르게 받을 수 있으며, 명령어를 입력하는 창에

  프롬프트는 **인공지능에게 내리는 명령어**입니다. 챗
- **프롬프트**는 단순한 질문 GPT에게 'OOO에 대해 알려줘'라고 말하는 것이 프 을 수 있으며, 관련 정보를 신속하게 구성할 롬프트입니다. 프롬프트를 잘 쓸수록 인공지능이 원 하는 결과를 더 잘 만들어냅니다. 마치 **요리사에게**
- 뤼튼의 답변은 100% **레시피**를 알려주는 것과 같습니다. 다양한 컨텐츠 생성에 활용될 수 있다
- 사용자는 각 주제에 대 ⬆ 들어 ESG 주제를 🔍 다루는 PPT 슬라이드 구성 시에도 **디테일한 프롬프트**가 유리하다 [59].

영상을 보다 모르는 단어가 있어도 릴리스 AI 내에서 쉽게 확인할 수 있다. 요약 노트에서 밑줄이 있는 단어를 클릭하면 릴리스 AI가 뜻을 쉽게 풀어 설명해준다. 다른 어려운 개념 또는 단어가 있다면 해당 단어를 드래그한 후 '더 쉽게' 버튼을 클릭하면 새로운 핵심 용어를 언제든 추가할 수 있다.

릴리스 AI의 리포트 주제 추천

👍 👎 ⎘

💡 **리포트 주제 추천** ↻   1개 소스 선택됨 ▼

현재 자료를 누락없이 꼼꼼히 요약하기

자료를 기반으로, 이미지가 풍성한 SEO최적화된 블로그 글을 작성해줘

A 에서 언급된 지능 증강 시대에 뤼튼을 활용하는 방법과 장점은 무엇일까?

A 에서 이야기하는 AI 활용의 중요성을 B , C 의 사례와 비교 분석할 수 있을까?

챗GPT 사용에 어려움을 느끼는 사람들에게 A 에서 소개된 뤼튼을 활용한 초보자 가이드를 제공할 수 있을까?

A 에서 제시된 뤼튼의 다양한 툴 활용법을 B , C 의 특정 작업에 적용하는 방법을 분석할 수 있을까?

주제를 입력하면 리포트를 작성해요. @로 소스를 멘션할 수 있어요   @

요약 노트 하단에 위치한 '리포트 주제 추천' 영역에서는 사용자가 직접 원하는 주제를 선택해 원하는 방향으로 나만의 요약 리포트를 작성할 수 있다. AI가 추천해 주는 것을 클릭해서 활용 할수도 있지만, 아래 입력창에 리포트 주제를 직접 입력하는 것도 가능하다.

릴리스 AI의 실시간 녹음, 음성 번역 기능

회의 중 누군가는 말을 하고, 누군가는 메모를 하며, 또 누군가는 중요한 내용을 놓칠까 긴장한다. 하지만 지금은 그럴 필요가 없다. 릴리스 AI의 실시간 회의록 기능과 실시간 음성 번역 기능이 회의에 집중할 수 있는 여건을 만들어주기 때문이다.

릴리스는 화자 구분, 회의 흐름 분석, 아젠다 요약 등 회의의 전체 맥락

을 놓치지 않고 정리해준다. PC는 물론, 모바일 기기에서도 작동해 언제 어디서든 회의 상황을 실시간으로 녹음하고 기록할 수 있다. 더 이상 노트북에 허둥지둥 타이핑할 필요도, 놓친 회의를 다시 처음부터 돌려볼 필요도 없다.

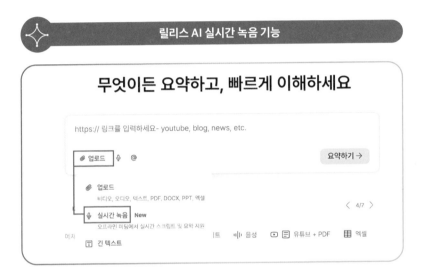

오프라인 미팅에서 실시간 스트립트 및 번역, 요약 기능을 지원한다. 사용법은 간단하다. [업로드] 부분에 마우스를 살짝 가져다 데면 다음과 같이 [실시간 녹음] 탭이 나온다.

회의를 녹음하거나, 강의를 정리하거나, 고객 인터뷰를 기록할 때 가장 중요한 것은 '정확성'이다. 하지만 음성인식 AI도 결국 사람의 언어를 해석하는 시스템이기에, 문맥과 용어의 의미를 모르면 오인식이 발생할 수밖에 없다. 이를 해결해주는 기능이 바로 릴리스 AI의 '문맥 입력' 기능이다.

문맥 입력으로 정확도를 높이는 '스마트 녹음' 기능

⚙ **녹음 시작 전 설정**   ×

문맥을 입력하면 녹음을 더 정확하게 처리할 수 있어요!

전문 용어나 관련 문서를 1만자까지 입력할 수 있어요

|
|
|
|
|
                                                    0 / 1000⬡

남은 녹음 시간이 충분한지 확인해주세요!

녹음 도중에 시간이 모두 소진되면 녹음이 중단될 수 있어요

남은 녹음 시간: 99시간 0분 59초   요금제 업그레이드

        취소   건너 뛰기

녹음을 시작하기 전, 해당 회의나 녹음의 주제, 전문 용어, 핵심 키워드 등을 최대 1만 자까지 미리 입력할 수 있다. 이렇게 사전 문맥 정보를 입력하면, AI는 녹음 내용을 더 빠르고 정확하게 분석하고 인식한다.

문맥 입력 칸에 회의의 배경, 사용 용어, 조직 이름, 핵심 주제 등을 입력하면 AI는 이 정보를 바탕으로 잘못된 해석이나 정리 또는 오번역 없이 상황에 맞게 해석을 적용한다. 예를 들어 '포스코 제강 공정 회의'라면 이런 문맥 입력이 가능하다.

> '연주'는 악기 연주가 아니라, 제강 공정에서 용강(쇳물)을
> 슬래브로 응고시키는 작업을 의미함.
> '출강', '슬래브', '고로' 등의 용어가 등장할 예정.

이처럼 릴리스는 단순한 녹음 도구가 아니라, 문맥을 이해하고 학습하

는 AI다. 이 기능의 장점은 무엇일까?

첫째, 용어 인식 정확도 향상에 있다. 사전 정보가 없으면 '연주'를 바이올린 연주로 오인식할 수 있다. 하지만 문맥을 입력해주면 해당 용어가 도메인 특화 의미로 인식되므로, 잘못된 전사나 요약을 사전에 방지할 수 있다.

둘째, 요약 결과의 품질 향상에 있다. 회의나 강의의 핵심 주제를 AI가 명확하게 이해하고 있기 때문에, 요약 결과가 훨씬 논리적이고 정확하게 정리된다. 특히 긴 회의의 흐름을 놓치지 않고 정리할 때 효과적이다.

셋째, 사용자 맞춤형 학습 지원에 있다. 자주 반복되는 키워드나 화자 정보를 계속 누적 입력하면, 릴리스 AI가 점차 사용자 조직의 용어 체계에 맞춰 개인화된 인식 정밀도를 구축할 수 있다.

이제 회의 전, 단 몇 줄의 문맥 입력만으로 AI 회의록의 품질은 한 차원 달라진다. 단순한 자동화 도구를 넘어, '우리 조직만을 위한 회의 동반자'로 진화하는 릴리스, 당신이 다루는 전문 언어도 이제 AI가 정확하게 알아듣는 날이 도래했다.

실제 필자가 대한축구협회 팀장님과 '유소년 선수들의 경기 데이터 분석과 생성형 AI의 접목 가능성'에 대한 주제로 진행한 약 37분간의 자문 회의. 이 회의 전체를 릴리스 AI를 통해 요약정리한 결과, 단 1분 만에 다음과 같은 구조화된 결과물을 얻을 수 있었다.

릴리스 AI로 37분간의 자문회의 내용을 요약정리

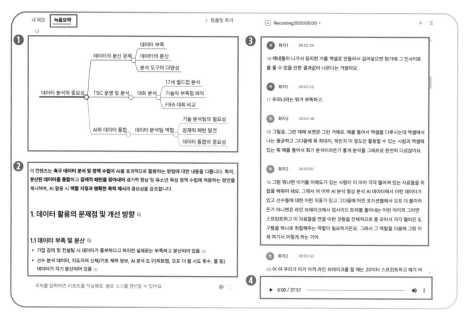

❶ **마인드맵 자동 생성**: 회의 내용을 구조화해 자동으로 마인드맵을 생성해준다. 핵심 주제는 '데이터 분석의 중요성'으로 설정되었고, '데이터 부족', '기술적 한계', '분석 도구의 다양성' 등 하위 주제가 논리적으로 잘 정리되어 있는 것을 볼 수 있다.

❷ **요약 문서 제공**: 아무리 회의 시간이 길더라도 핵심만 뽑아 문서 형태로 요약해준다. 이번 회의에서는 '데이터 활용의 문제점 및 개선 방향'이라는 키워드 아래, 실제 적용 사례와 정책 수립 제안까지 정리되었다.

❸ **화자 구분 및 전체 스크립트 제공**: 회의 참여자를 자동 인식하고, 전체 발화 내용을 시간순으로 정리해준다. 특정 발언이나 논의 흐름을 다시 추적할 때 매우 유용하다.

❹ **원본 음성 파일 다시 듣기 가능**: 회의 내용 전체는 원본 음성 파일로도 저장된다. 스크립트를 보며 다시 들어야 할 부분이 생기면, 클릭 한 번으로 해당 시점의 음성 부터 다시 확인할 수 있다.

이처럼 단순히 녹음만 되는 도구가 아니라, 회의 전체를 정리하고 기억하게 해주는 디지털 회의 보조자 역할을 한다. 복잡한 자문 회의도 릴리스 하나면 체계적인 정리와 공유가 모두 가능하다.

릴리스는 단순히 말한 내용을 받아 적는 수준을 넘어서, 대화의 맥락을 이해하고, 목적과 배경까지 고려한 요약문을 자동 생성한다. 2시간에 달하는 회의도 핵심만 뽑아 3분~5분 안에 전체 내용을 파악할 수 있는 수준의 요약정리를 제공한다.

회의에 참석하지 못한 사람도 요약 파일 하나만으로 핵심 아젠다를 파악하고 빠르게 업무에 합류할 수 있다.

릴리스 AI의 다국어 커뮤니케이션

실시간 다국어 번역과 회의 종료 후 자동 정리까지 언어 장벽 없는 회의. 앞으로 릴리스가 만든다. 전미경제연구소(NBER)의 연구에 따르면, 다국어 커뮤니케이션의 비효율로 인해 회의 시간의 약 33.8%가 낭비되고 있다. 이는 단순히 '언어가 달라서' 생기는 문제가 아니라, 중요한 논의가 정확히 전달되지 않아서 발생하는 기회비용이다. 릴리스는 이러한 비효율을 근본적으로 해결한다.

　사용법은 간단하다. 실시간 대화를 하면서 하단 바 우측에 위치한 [번역 안함]을 클릭하여 번역하고자 하는 언어만 선택을 해주면 바로 실시간으로 번역된 언어를 한글 자막으로 아래 표시해준다.

　한국어, 영어, 일본어, 중국어, 프랑스어, 아랍어 등 주요 언어를 실시간으로 인식하고, 각 참여자에게 자막 형태로 자동 번역을 제공한다. 사용자는 각자의 모국어로 이야기하고, 상대방은 그 내용이 실시간 번역된 자막으로 전달되기에, 회의는 더욱 자연스럽고 효율적으로 흘러간다. 이는 단지 온라인 회의뿐 아니라, 대면 대화에서도 활용 가능한 기능이다. 릴리스는 1:1 비즈니스 미팅, 해외 고객 미팅, 다국적 팀 회의 등에서도 언어의 장벽을 제거하고 커뮤니케이션 품질을 극대화해준다.

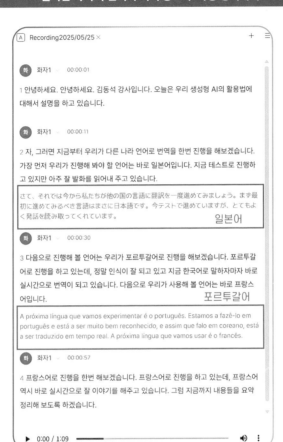

생성형 AI 활용법에 대해 다국적 구성원들과 함께 진행한 회의에서, 릴리스의 실시간 음성 번역 기능은 단순한 언어 인식 수준을 넘어 진정한 글로벌 협업의 기반이 되었다. 실제 회의에서는 한국어로 발화된 내용을 릴리스가 일본어, 포르투갈어, 프랑스어 등 여러 언어로 실시간 번역 자막을 제공했다. 발화 즉시 정확한 문맥으로 번역되며, 참가자는 각

자 편안한 언어로 내용을 이해할 수 있었다. 특히 일본어 번역은 발음까지 감지해 자연스럽게 표현되었고, 포르투갈어와 프랑스어도 한국어의 어순과 의미 흐름을 유지한 상태로 전달되었다.

이러한 자동 동시통역 시스템은 온라인 회의뿐만 아니라 대면 회의에서도 유용하게 활용할 수 있으며, 실제로 글로벌 프로젝트 협업, 해외 바이어 상담, 멀티국가 세미나 등에서 그 효과가 입증되고 있다.

단순히 음성을 문자로 변환하는 것을 넘어, 릴리스는 회의 내용의 의미를 '이해'하고 정리한다. 논의된 이슈들을 시간 순서대로 요약할 뿐 아니라, 연관 주제들을 논리적으로 묶어 마인드맵 형태로 시각화해주기도 한다. 이를 통해 회의의 핵심 구조와 흐름을 한눈에 파악할 수 있어 추후 회의록 리뷰나 의사결정 시 매우 유용하다.

이는 개인은 물론이고 기업 내부 회의나 프로젝트 진행 시 반복되는 용어와 역할을 명확하게 구분해주는 데 큰 강점이다. 단순한 요약이 아닌 '이해 가능한 압축' 릴리스의 회의록 기능은 일반적인 요약 기능과 다르다.

단순히 핵심 단어 몇 개를 뽑는 것이 아니라, 회의의 배경, 의도, 흐름, 논의된 주제를 유기적으로 엮어 정리한다. 실제로 회의에 참여하지 못한 사람도 요약 문서를 3분~5분만 읽으면 논의 전체를 이해할 수 있을 정도로 명확하고 압축적이다. 정확하고 신뢰도 높은 음성인식, 실시간 번역, 맥락 중심 회의 요약. 이 모든 것을 하나의 도구로 해결할 수 있다면, 이제 회의 방식 자체를 바꿔야 할 시점이다.

릴리스 AI는 그 변화의 중심에 있다. 이제 우리는 회의에 몰입하고, 기록은 AI에 맡기자. 다양한 언어가 오가는 상황에서도 걱정 없이 협업하자. 릴리스는 회의의 흐름을 놓치지 않고, 당신의 시간과 생산성을 지켜줄 것이다.

개인화된 AI 지식 비서: 노트북LM

우리는 매일 엄청난 양의 정보를 접한다. 보고서, 논문, 강의 자료, 이메일, 회의록, 그리고 수많은 웹페이지까지. 지식노동을 하는 사람이라면 누구나 한 번쯤 느껴봤을 것이다.

"도대체 내가 읽었던 그 내용, 어디에 있었지?"
"문서가 너무 많아서 정리도 안 되고, 핵심을 놓치는 것 같아."
"관련 정보는 많은데, 이걸 어떻게 연결하지?"

노트북LM(NotebookLM)은 이런 고민에 명확한 해답을 제시하는, 구글이 개발한 개인화된 AI 지식 비서다. 기존의 생성형 AI가 웹에 존재하는 정보에 답하는 방식이었다면, 노트북LM은 한 단계 더 나아가 '내가 올린 자료' 자체를 학습하고 분석하여, 그 내용에 기반해 답을 주는 도구다. 말하자면, 내 문서와 AI가 함께 협업하는 새로운 패러다임의 지식 도구인 셈이다.

먼저 검색창에 '노트북LM'을 입력해 홈페이지에 접속한다. 화면 중앙 [NotebookLM 사용해 보기]를 클릭한 후 구글 아이디와 연동해 가입할 수 있다.

노트북LM 초기 화면

무엇이든 **이해** **할 수 있습니다**

최신 Gemini 모델로 제작된 연구 및 사고 파트너로, 신뢰할 수 있는 정보를 기반으로 그라운딩되었습니다.

NotebookLM 사용해 보기

맞춤형 AI 리서치 어시스턴트

노트북LM은 구글이 2024년 말 정식 출시한 AI 기반 노트 및 연구 도구다. 사용자가 업로드한 다양한 자료(PDF, 워드, 구글 문서, 유튜브 링크, 웹사이트 주소 등)를 AI가 학습하고, 첨부된 자료를 기반하여 질문에 답하거나 요약, 스터디 가이드, 브리핑, 타임라인 등을 생성해준다.

단순히 '챗봇에게 묻고 답하는 것'을 넘어, 내가 모아온 정보가 곧 나만의 지식 베이스가 되고 AI는 그 지식에 대해 빠르게 요약하고, 정리하고, 새로운 관점을 제시하는 '맞춤형 동료'가 되는 서비스다.

노트북LM 활용 예시

① 학생

시험 범위 교재를 업로드하고 "중요 개념 위주로 요약해줘", "챕터별로 스터디 가이드를 만들어줘"라고 요청할 수 있다.

② 연구자

여러 편의 논문을 한 번에 업로드한 후, "공통적으로 언급된 이론이나 논쟁점은?" 같은 질문으로 논문 간 비교 요약을 받을 수 있다.

③ 기획자/마케터/컨설턴트

시장 보고서와 내부 자료를 함께 업로드한 뒤, "최근 트렌드 요약", "이 자료를 기반으로 한 5분 발표 스크립트 생성" 등의 작업이 가능하다.

④ 크리에이터/작가

기존 글이나 자료를 바탕으로 새로운 아웃 라인을 제시받거나, 유튜브 스크립트 형식으로 변환하는 것도 가능하다.

이처럼 노트북LM은 단순히 정보 접근의 도구가 아닌, 정보 해석, 요약, 창작, 질문 생성까지 연결하는 지식 활용의 촉매제다.

노트북LM의 가장 큰 강점은 '출처 기반'이다. AI가 생성한 답변이 어디서 가져온 정보인지 명확히 인용을 달아주기 때문에 사용자는 AI의 답을 신뢰할 수 있고, 원문도 직접 확인할 수 있다.

또한 문서 간 관계를 분석하고 요약하는 능력이 뛰어나, 단순 요약을 넘어 '지식 간 연결'까지 수행할 수 있다는 점에서 기존 요약 AI와 차별화된다. 여러 개의 노트북을 만들고, 문서들을 주제별로 정리하며, 질문하고, 정리하고, 다시 창작하는 이 모든 흐름을 하나의 인터페이스 안에서 완결할 수 있다는 점은 바쁜 현대 지식 노동자에게 매우 매력적인 요소다.

노트북LM 사용하기

그럼 실제 노트북LM의 사용법에 대해서 자세히 알아보자. 이 도구의 진정한 강점은 바로 사용자가 제공하는 '소스(Source)'에 기반해 AI가 답하고 정리한다는 점이다. 사용자가 업로드한 회의록, 논문, 기사, 유튜브 영상 링크, 웹사이트, 텍스트 조각 등은 노트북LM 안에서 하나의 거대한 지식 공간으로 통합된다.

소스 추가는 단순한 업로드가 아니라, 내가 가진 정보들을 지능형 구조로 정리하는 출발점이자, AI가 나만의 자료를 기반으로 질문에 답하고 새로운 콘텐트를 생성할 수 있도록 만드는 지식 활성화의 첫 단계다.

화면에서 [+새로 만들기]를 클릭한다. 그럼 [소스 추가] 팝업창이 뜨게 된다. 노트북LM의 '소스 추가' 화면을 기준으로, 어떤 방식으로 정보를 입력하고 활용할 수 있는지 상세히 알아본다.

❶ 로컬 파일 업로드: 다양한 형식의 문서와 오디오까지

가장 중앙에 위치한 '소스 업로드' 영역은 직접 보유한 파일을 드래그 앤 드롭하거나 클릭으로 선택할 수 있는 기능이다. 지원 형식도 다양한 만큼 다양한 업무에 연계하여 활용할 수 있다.

- PDF : 논문, 보고서, 백서 등 정형화된 문서를 분석할 때 효과적이다.
- .txt / Markdown: 노트, 메모, 코드 주석 등 간단한 구조의 텍스트에 적합하다.
- mp3 : 회의 녹음, 강의 음성 파일 등 오디오 자료도 업로드할 수 있어, AI가 자동으로 내용을 텍스트로 전환하고 분석해준다.

▸ 활용 예시 Tip

- 인터뷰 음성 파일을 mp3로 올려 자동 전사 및 요약
- 프로젝트 설명서 PDF를 업로드해 관련 질의응답 수행
- Markdown으로 정리한 수업 노트를 바탕으로 스터디 가이드 생성

❷ Google Drive 연동: Docs와 Slides도 곧바로 가져오기

노트북LM은 구글 생태계와의 연동성이 매우 뛰어나다. Google Docs와 Google Slides를 별도 다운로드 없이 바로 연결해 활용할 수 있다.

- Google Docs : 공동 작업 중인 기획안이나 회의록을 연결
- Google Slides: 발표 자료 내용을 분석하거나 스크립트 추출에 유용

▸ 활용 예시 Tip

- 팀 프로젝트 보고서(Google Docs)를 분석해 요약 및 키포인트 정리
- Google Slides 자료를 기반으로 발표용 대본 생성

❸ 링크 추가: 웹사이트와 YouTube도 내 지식으로

웹상의 콘텐츠도 그대로 소스로 활용할 수 있다. '링크' 항목에서는 두 가지 방식의 외부 콘텐츠 추가가 가능하다.

- 웹사이트 URL: 뉴스, 블로그, 리서치 포스트 등을 텍스트 기반으로 분석
- YouTube URL: 자막을 기반으로 영상 내용을 추출하고 요약

▶ 활용 예시 Tip

- 산업별 트렌드 보고서 웹페이지를 링크로 연결해 요약
- 유튜브 강의 영상 링크를 추가하고, 강의 내용을 텍스트화하여 복습 자료로 활용

❹ 복사된 텍스트 붙여넣기: 짧은 정보도 놓치지 않기

파일도, 링크도 아닌 즉흥적인 메모나 회의 중 캡처된 텍스트도 '복사된 텍스트' 영역에 붙여넣으면 소스로 활용 가능하다. 파일 저장 없이 빠르게 정보 수집과 활용을 연결할 수 있다.

▶ 활용 예시 Tip

- 브라우저에서 복사한 기사 일부분 붙여넣기
- 회의 중 타이핑한 발언 메모 붙여넣기 → 회의록과 연동

❺ 소스 검색 기능: 쌓여가는 나의 지식, 빠르게 탐색하기

노트북LM의 '소스 추가' 팝업 창 우측 상단에는 작은 돋보기 아이콘과 함께 '소스 검색'이라는 기능이 있다. 우리는 매일 수많은 아이디어와 질문을 접한다. 특정 프로젝트의 핵심 개념을 파고들어야 할 때, 복잡한 연구 주제의 최신 동향을 파악해야 할 때, 혹은 단지 머릿속에 떠오른 막연한 질문에 대한 답을 찾아야 할 때가 있다. 이런 순간, 여러분의 머릿속에는 수많은 자료들이 스쳐 지나가지만, 정작 필요한 정보가 어디에 있는지, 어떻게 연결되어 있는지 혼란스러울 때가 많다.

바로 이때, 노트북LM의 '소스 검색' 기능은 여러분의 '개인화된 지식 네트워크'를 실시간으로 탐색하며 즉각적인 통찰을 제공하는 강력한 도구가 된다. 이곳에 여러분이 던지는 '특정 주제'는 단순한 키워드를 넘어, 노트북LM이 여러분의 방대한 자료 속에서 지능적으로 답을 찾아내고, 관련 정보를 엮도록 하는 '질문의 열쇠'가 된다.

노트북LM 실전 활용

요즘 많은 사람들이 관심을 가지는 '생성형 AI 도입이 직장인들의 업무 효율성과 직업에 미치는 영향'이라는 주제로 콘텐트를 제작한다고 가정해보자.

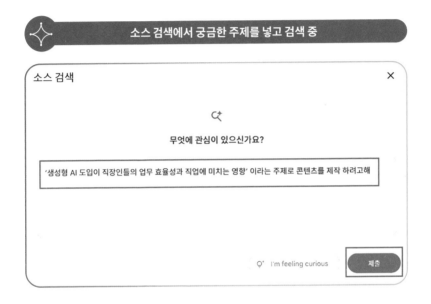

먼저 [소스 검색]에서 내가 궁금한 내용이나 관심 있는 내용을 넣고 [제출] 버튼을 클릭한다.

사용자의 질문 의도에 맞춰 제시된 소스들

생성형 AI 도입이 직장인의 업무 효율성 향상, 직무 변화 및 일자리 영향, 그리고 필요한 교육 훈련과 윤리적 고려사항 등 다각적인 측면을 분석합니다.

모든 소스 선택 ☑
교색 시권 싱녑권 생선성 왕성에 내한 생성임 AI 노구의 일세 엄맘을 모녀옵니나.

생성형 AI와 미국의 일자리 미래 - 과학기술인재정책 플랫폼 ☑
맥킨지 보고서를 요약하며 생성형 AI가 미국 일자리에 미치는 영향을 다룹니다.

[직장인 뉴스] 직장인 10명 중 7명 "생성형AI 챗GPT 매일 사용한다" - 아웃소싱타임스 ☑
직장인의 생성형 AI(챗GPT) 활용 실태와 업무 인식 변화 설문 결과입니다.

성큼성큼 일터로 진입하는 AI, 현장 AI 활용도 제고를 위한 교육훈련과 인프라 구축에 힘써야 - 과학기술... ☑
AI 활용도 제고를 위한 직장 내 교육 훈련 및 인프라 구축 필요성을 강조합니다.

👍 👎   소스 10개 선택됨 [가져오기]

사용자가 입력한 주제에 맞는 다양한 소스(기사, 논문, 레포트, 유튜브 영상, 웹 사이트 등)들이 나열되고 맞지 않는 주제가 제시될 경우 우측 '체크 박스'를 on/off 하여 소스의 신뢰도를 높일 수 있다. 선택이 완료되면 [가져오기]를 클릭한다.

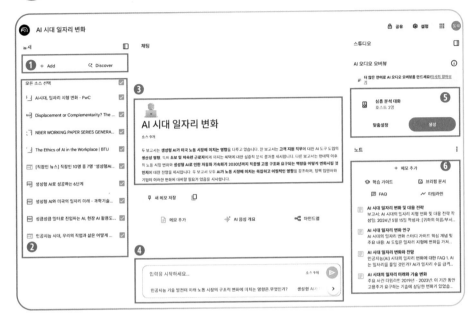

❶ 자료 추가하기

• [+ Add] 버튼

새로운 소스를 노트북LM에 업로드할 때 사용한다. 앞선 소개에서 설명한 것처럼 파일 업로드, Google Drive 연동, 웹 링크, 직접 텍스트 입력 등 다양한 방법으로 소스를 추가할 수 있다.

• Discover(소스 검색)] 버튼

특정 키워드나 주제를 검색하여 빠르게 찾아내 소스를 추가할 때 사용한다. 'Discover' 기능은 AI가 소스들을 분석하여 새로운 연결점이나 흥미로운 주제를 제안하기 위한 추가 자료들을 추천한다.

❷ '모든 소스 선택' 체크 박스

현재 보고 있는 프로젝트 내의 모든 소스를 한 번에 선택하거나 해제할 때 사용한다. 각 소스 옆에는 체크 박스가 있어서, 사용자가 현재 AI와 대화하거나 '노트'를 작성할 때 어떤 소스를 활용할지 선택할 수 있다. 예를 들어, 특정 논문 몇 개만 선택하여 그 논문들만을 기반으로 AI에 질문을 던질 수 있다. 이는 AI의 답변이 특정 소스에만 국한되도록 하여 정보의 정확성과 집중도를 높이는 데 중요하다.

❸ 제목 및 주요 내용 표시 영역

현재 작업 중인 주제나 프로젝트의 제목을 비롯해 주요 내용을 요약정리 한다.

❹ 프롬프트 입력 창

사용자가 AI에 질문하거나 특정 작업을 지시하는 텍스트 입력 공간이다. 예를 들어 사용자가 "생성형 AI 기술 발전이 미래 노동 시장의 구조적 변화에 미치는 영향은 무엇인가요?"와 같이 구체적인 질문을 입력할 수 있다. 그러면 좌측에 선택된 소스들을 기반으로 AI가 답변을 생성한다. AI의 답변은 단순히 일반적인 지식이 아닌, 여러분의 소스에 들어있는 정보만을 활용하여 답변한다.

❺ 심층 분석 대화

새로운 AI 오디오 오버뷰 기능을 사용하면 클릭 한 번으로 해당 주제의 소스들을 바탕으로 호스트 2명이 진행하는 흥미로운 '심층 분석' 토론으로 변환할 수 있다. 매우 흥미진진한 대화가 펼쳐진다.

❻ 주요 메모 추가

이 섹션에는 AI가 자동으로 생성했거나 사용자가 직접 작성한 '노트'들이 목록으로 표시된다. 이 노트들은 채팅 중 AI의 답변을 보완하거나, 최종 콘텐츠 제작에 활용될 수 있다.

- 학습 가이드: 복잡한 내용을 학습하기 위한 구조화된 노트를 만들 때 사용
- 브리핑 문서: 특정 주제의 핵심 내용을 간결하게 요약한 보고서로 작성할 때 유용
- 타임라인: 시간의 흐름에 따른 사건이나 정보의 변화를 정리할 때 사용
- FAQ: AI가 소스에 기반하여 해당 질문에 대한 답변을 제공. 콘텐츠의 목차를 구성하거나, 독자의 궁금증을 예측하여 답변을 미리 준비

노트북LM은 단순한 요약 도구가 아니다. 이제 우리는 '내가 가진 정보'를 AI와 함께 다시 읽고, 해석하고, 연결하며 새로운 지식을 창출하는 시대에 진입했다. 문서를 올리면 끝나는 게 아니라, 그 위에서 질문이 시작되고, 아이디어가 확장되며, 콘텐트가 구성된다.

노트북LM은 단순히 정보를 보여주는 것이 아니라, 정보 위에서 함께 사고하는 AI다. 지금 이 순간에도 당신의 컴퓨터와 구글 드라이브 어딘가에는 분석되지 않은 보고서, 정리되지 않은 회의록, 해석되지 않은 논문이 잠들어 있다. 그 문서들이 살아나고, 연결되고, 정리되고, 새로운 콘텐트와 전략으로 다시 태어날 수 있다면? 그 모든 가능성을 현실로 만들어주는 도구, 바로 그 출발점이 노트북LM이다. 이제, 당신의 지식이 일하기 시작할 시간이다.

4장

AI 전략 활용:
조직의 AI 혁신

조직 관점의
AI 활용 전략

2025년, AI는 더 이상 선택이 아닌 필수가 되었다. 그러나 많은 조직은 여전히 "AI 때문에 큰일 났다! 다들 정신 차려야 한다!"는 혼란 속에 머물러 있다. 복도마다 AI 도입을 강조하는 포스터가 붙고, 회의실마다 AI 전환을 주제로 한 회의가 열리지만, 정작 실무자들의 책상 위에서는 AI의 흔적조차 보기 어렵다.

문제는 AI 자체가 아니다. AI를 어떻게 도입하고, 어떻게 활용할 것인가에 대한 전략적 사고의 부재가 진짜 문제다.

현실을 직시해보자. AI를 잘 활용하는 기업은 비약적인 성장을 이루고, 반면 그렇지 못한 기업은 빠르게 도태되고 있다. 이른바 'AI 리치(AI Rich)'와 'AI 푸어(AI Poor)' 간의 격차는 점점 더 벌어지고 있으며, 양극화는 고착화되는 중이다. 잘 쓰는 조직은 너무 잘 쓰고, 못 쓰는 조직은 여전히 제자리다.

이 격차의 주요 원인 중 하나는 경영진과 실무진 간의 인식 차이다.

경영진은 AI가 마치 만능 해결사처럼 모든 문제를 자동으로 해결해줄 것이라 기대한다. "AI만 도입하면 생산성이 두 배는 올라갈 거야!" 같은 장밋빛 전망을 쏟아낸다. 하지만 현장의 직원들은 정작 AI를 실무에 적용해본 경험이 거의 없다. "AI로 뭘, 어떻게 해야 하죠?"라는 질문만 반복된다.

이런 상황은 100여 년 전, 자동차가 처음 등장했을 때와 닮아있다.

사람들은 오랜 시간 익숙했던 말 타던 방식 그대로 자동차를 사용하려 했다. 마부가 운전사가 되었고, 마구간이 차고로 바뀌었을 뿐이었다. 하지만 시간이 지나면서 사람들은 자동차만의 가능성을 발견하기 시작했다. 말보다 더 빠르고, 더 멀리, 더 많은 짐을 실어나를 수 있었고, 그 과정에서 전혀 새로운 방식의 교통 문명이 탄생했다.

AI 도입 역시 이와 다르지 않다.

초기에는 기존의 업무 방식에 단순히 AI를 '덧붙이는' 수준에서 시작된다. 보고서 작성에 AI 작문 도구를, 데이터 분석에 AI 분석 툴을 접목하는 식이다. 하지만 이러한 사용 경험이 쌓일수록, 우리는 점점 AI만이 가능하게 하는 새로운 업무 방식을 발견하게 된다. 자동차가 단순히 말을 대체한 것이 아니라 완전히 새로운 운송 수단으로 자리 잡았듯, AI 또한 기존 업무 방식의 한계를 뛰어넘는 전환점을 만들어낼 것이다.

결국 AI 구독 혁신의 핵심은 '경험'이다.

아무리 뛰어난 AI 시스템을 도입하더라도, 직접 써보지 않으면 무용지물이다. 운전면허는 있지만 운전 경험이 없는 사람처럼 말이다. 조직이 진정한 AI 리치가 되기 위해서는 일상적인 업무부터 AI를 적용해보 AI는 더 이상 먼 미래의 기술이 아니다. 지금 당장 시작하지 않으면, 그 격차는 돌이킬 수 없을 만큼 벌어지게 될 것이다.

이제 이러한 전략을 실천에 옮기기 위한 구체적인 AI 도구 활용법을 함께 살펴보자.

정보 사냥의 시대에서 정보 생성의 시대로: 퍼플렉시티, 라이너 AI

우리는 오랫동안 구글, 네이버 같은 검색 포털을 통해 정보를 수집하는 방식에 익숙해져 왔다. 필요한 정보가 있을 때 키워드를 입력하고, 검색 결과에서 관련성 있는 링크를 하나씩 클릭하며 원하는 내용을 찾아내는 과정을 반복해온 것이다. 마치 고기를 먹기 위해 활과 창을 들고 사냥터로 향하던 원시인의 모습을 떠올리게 한다.

이것이 바로 '정보 사냥의 시대'였다. 우리는 거대한 검색 플랫폼의 알고리즘에 의해 선별된 콘텐트를 일일이 확인하고, 이해하고, 또 다른 키워드로 검색을 이어가며 정보를 쌓아왔다. 그러나 이 과정은 시간이 많이 소요되고, 여러 단계를 거쳐야만 원하는 정보에 도달할 수 있다는 비효율성을 안고 있었다.

하지만 이제 시대가 달라졌다. 생성형 AI의 등장으로 우리는 '정보 생성의 시대'에 접어들었다. 더 이상 정보를 찾아다니는 사냥꾼이 아니라, 필요한 정보를 직접 요청하면 AI가 그에 맞는 답변을 생성해주는 시대가 된 것이다. 이는 고기가 먹고 싶을 때 사냥을 나가는 대신, 잘 손질된

다양한 부위의 고기를 손쉽게 가져와 원하는 요리를 해 먹는 것과 같다.

퍼플렉시티 같은 AI 기반 검색 도구는 이 변화의 중심에 있다. 이들은 단순히 관련 링크를 나열하는 것이 아니라, 사용자의 질문에 직접적인 답변을 제공하고, 필요한 정보를 종합해 맞춤형 콘텐트로 구성해준다. 이제 더 이상 여러 웹페이지를 돌아다니며 정보를 조각조각 모을 필요가 없다.

그런데도 여전히 전통적인 검색 방식에 머물러 있는가? 아직도 검색 결과를 하나씩 클릭해가며 정보를 수집하고 있다면, 얼마나 많은 시간과 에너지를 낭비하고 있는지 되돌아볼 필요가 있다.

지금은 네이버나 구글 같은 검색엔진에서 벗어나, AI 검색 도구로 업무 효율을 획기적으로 높여야 할 시점이다.

AI 검색은 단순한 정보 탐색을 넘어, 여러분의 질문에 맞춰 정보를 재구성하고, 즉시 활용 가능한 형태로 제공하는 지능형 도구다. 이를 통해 우리는 업무 시간을 단축하고, 더 높은 품질의 결과물을 만들 수 있다.

이제 정보의 사냥꾼에서 정보의 요리사로 변신할 시간이다. 생성형 AI의 힘을 활용해 더 효율적이고 생산적인 업무 환경을 만들어보자.

퍼플렉시티(Perplexity)

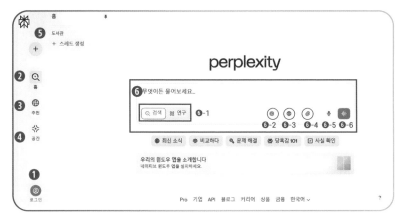

AI 검색 서비스 퍼플렉시티 메인 화면

❶ 좌측 하단 [Sign Up] 클릭 후 구글, 애플 계정으로 회원 가입을 한다.

❷ Home(홈): 대화를 이어가다 새로운 대화(질문)를 할 때 클릭한다.

❸ Discover(추천): 다양한 주제와 최신 트렌드를 탐색할 수 있는 기능이다.

❹ Spaces(공간) 특정 주제에 대한 대화를 저장하고 관리할 수 있는 기능이다.

❺ Library(도서관) 사용자가 검색하고 생성했던 정보를 확인할 수 있다.

❻ 프롬프트 입력 창: 질문이나 요청할 내용을 입력한 뒤, '엔터' 키를 누르거나 입력 창 우측의 아이콘을 클릭하면 AI가 답변을 생성한다.

❻-1 답변 모드 선택: 입력한 질문에 대해 어떤 방식으로 답변을 받을지 사용자가 선택할 수 있다. 기본값은 'Auto(자동)'이며, 더 정밀한 결과를 원할 경우 다른 모드를 선택할 수 있다.

- Pro: 일반보다 3배 더 많은 소스를 바탕으로 상세한 답변 제공한다.
- Reasoning(추론): 고급 문제 해결에 특화된 분석 중심 모드다.
- Deep Research(심층 연구): 복잡한 주제에 대해 깊이 있는 보고서 스타일의 답변을 생성한다.

❻-2 각 질문에 대한 최적의 답변 생성 모델을 선택 가능하다.

❻-3 소스 설정 기능: 검색에 활용할 자료의 출처를 사용자가 설정할 수 있다. 웹(Web), 학술/논문(Scholarly), 소셜 미디어(Social) 모드 중 선택 가능하다.

❻-4 파일 첨부 기능: 텍스트 외에도 문서나 파일을 첨부해 AI 분석에 활용할 수 있다.

❻-5 받아쓰기: 음성으로 질문을 입력할 수 있다.

❻-6 세부 조건 설정 후 실행: 질문 입력과 옵션 설정을 마친 뒤 클릭하면, 조건에 맞는 맞춤형 답변이 생성된다.

예를 들어 AI 검색 도구를 활용해 초등학교 6학년 조카의 사회과 과제에 도움을 줘보자. 과제의 내용은 다음과 같다.

퍼플렉시티 과제에 활용하기

기후 변화로 인해 세계 곳곳에서 다양한 자연재해가 발생하고 있습니다. 최근 ❶
3년 이내에 발생한 세계의 자연재해 사례 중 한 가지를 조사하여, 어떤 지역에
서 무슨 피해가 있었는지, 그 피해를 복구하기 위해 어떤 노력을 했는지 구체
적으로 설명하세요

✷ 답변　　✧ 출처 8　　　　　　　　　　　　　　　　　　　　1단계 ∨

⊕ IRS글로벌　　　　　 ↻ 더나은미래　　　　 ◉ overseas.mofa.go.kr　　▷◔ ⋯
세계 자연재해 사례　　 [재난, 그 후] 자연재해 피해까지…　기후변화로 인한 자연재해 피해 분
　　　　　　　　　　　영역 넓히는 '기업의 사회적 책임'　석 - 외교부　　　　　　+5 소스

❷

2021년 9월 1일, 미국 뉴욕주를 비롯한 여러 지역에서 대규모 홍수가 발생하여 적어도 82명의 사망자가
발생했습니다 **1**. 이 재해는 대형 허리케인 '아이다'가 열대성 저기압으로 변화하면서 발생한 호우로 인한
것이었습니다.

피해 상황　　　　　　　　　　　　　　　　　　　　　　　　　❸

- 뉴욕시 센트럴파크에서는 1시간에 80mm의 맹렬한 폭우가 쏟아졌습니다 **1** .
- 뉴욕시 역사상 처음으로 홍수 경보가 발령되었습니다 **1** .
- 뉴욕주와 뉴저지주는 비상사태를 선포했습니다 **1** .

복구 노력

미국 전기차 업체 테슬라는 피해 복구에 적극적으로 나섰습니다 **2** . 테슬라의 주요 복구 활동은 다음과 같
습니다:

1. 현지 NGO 및 지역사회와 협력하여 루이지애나 뉴올리언스 지역에 '파워월(Powerwall)'을 설치했습니다.
2. 파워월은 태양광 발전으로 생산한 전기를 저장해 비상 상황에서 예비 전원으로 활용할 수 있는 가정
   용 배터리입니다.
3. 지역 내 식품 유통 센터, 소방서, 대피소 등에 지휘 본부를 설치하고 파워월을 배치했습니다.

⤭ 후속 질문하기　　　　　　　　　　　　　　　　　　　　　　　🔗 ↑

---

❶ 내가 입력한 질문이 나오는 화면이다.

❷ AI 검색이 답변 생성 시 참고한 레퍼런스다. (이번 질문에서는 8개의 자료를 기반으로 답
변을 생성)

❸ 질문에 대한 답변이 생성되는 공간, 답변 문장 뒤쪽에 동그라미 숫자가 보인다. 이
는 출처의 자료 중 몇 번 자료에서 정보를 가져와 답변이 생성되었는지를 자세히 보
여준다.

이제 우리는 정보를 찾는 방식에서 커다란 패러다임의 전환을 맞이하고 있다. '검색'에서 '생성'으로의 이동은 단순한 도구의 변화가 아니라, 정보를 대하는 우리의 접근 방식 자체가 근본적으로 바뀌고 있다는 신호다.

아직도 전통적인 검색 방식에 머물러 있다면, 지금이 바로 변화할 때다. AI 검색은 여러분의 시간을 획기적으로 절약해줄 뿐 아니라, 더 정확하고, 더 종합적인 정보를 제공함으로써 업무의 질을 한층 끌어올려줄 수 있다. 이제는 물고기를 잡는 법을 배우는 시대를 넘어, 원하는 물고기 요리를 주문하는 시대가 도래한 것이다.

여러분도 이제 정보의 사냥꾼에서 정보의 요리사로 변신해보자. 생성형 AI의 힘을 활용해 정보를 능동적으로 다루고, 그 과정에서 새로운 가능성과 효율성에 놀라게 될 것이다. 정보의 바다에서 헤매는 대신, 이제는 AI와 함께 지능적인 항해를 즐길 시간이다.

라이너(Liner) AI

라이너는 단순한 AI 검색 도구를 넘어, 신뢰할 수 있는 정보 탐색과 효율적인 지식 관리를 지원하는 차세대 AI 리서치 플랫폼이다. 국내 스타트업에서 만든 서비스로 전 세계 1,300만 명 이상의 사용자를 확보하며 글로벌 시장에서 주목받고 있는 자랑스런 대한민국의 대표적 AI 도구다.

먼저 검색창에 '라이너 AI'를 입력해 홈페이지에 접속한다. 구글 계정과 연동해 가입할 수 있다. 간단한 회원 가입 과정을 마치면 다음과 같은 메인 화면이 나타난다.

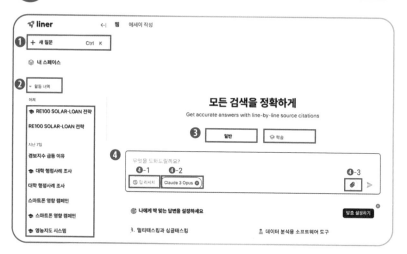

❶[+ 새 질문]: 이전 대화에 영향을 받지 않고 새 대화를 시작한다.

❷ 활동 내역: 이전 대화 내용을 기억할 수 있다. 이전 채팅을 불러와서 언제든 이어서 대화가 가능하다.

❸ 모드(Mode) 선택

　•신뢰 기반의 AI 검색

라이너는 검색 결과의 각 문장마다 정확한 출처를 제공하여, 사용자가 정보의 신뢰성을 빠르게 판단할 수 있도록 돕는다. 이러한 기능은 특히 학술 연구나 보고서 작성 시 유용하며, AI의 환각(hallucination) 문제를 최소화한다.

　•학술 모드 및 딥 리서치

라이너의 학술 모드는 2억 건 이상의 학술 논문 데이터를 기반으로, 논문 링크, 저자, 피인용 횟수, 출간 연도 등의 정보를 제공하여 깊이 있는 답변을 제공한다.

❹ 프롬프트 입력 창: [무엇을 도와드릴까요?]라고 써 있는 프롬프트 창에 질문 또는 요청할 내용을 입력하고 '엔터' 또는 프롬프트 입력 창의 우측 아이콘을 클릭한다.

❹-1 딥 리서치 기능을 통해 복잡한 주제에 대한 심층적인 탐색이 가능하며, 1분 이내에 정교한 답변을 받을 수 있다.

❹-2 모드 선택 : 라이너 자체 모델부터 오픈 AI의 챗GPT, 구글 제미나이, 클로드 모델까지 사용자가 직접 모델 선택을 할 수 있다.

❹-3 파일 첨부 기능: 내 디바이스 내 파일(PDF, 워드, CSV, 엑셀. 텍스트파일 등 문서), 이미지 등을 첨부 가능하다.

라이너 AI는 사용자의 질문을 분석한 뒤, 해당 주제에 맞는 웹페이지나 문서 링크를 AI가 직접 찾아 들어가 읽고, 그 내용을 요약해 보여주는 가장 대표적인 AI 기반 검색 서비스다.

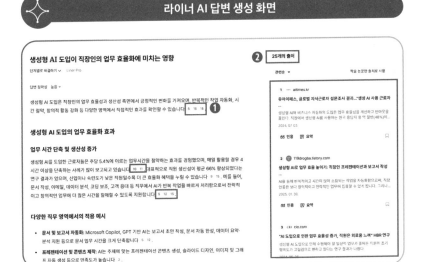

❶ 출처 라벨링: 해당 내용이 어떤 출처에서 왔는지를 표시해준다.

❷ 출처 리스트: 사용자의 질문을 분석해 주제에 맞는 문서의 링크를 나열해준다.

기존 검색처럼 수많은 링크를 나열하는 방식이 아니라, AI가 먼저 내용을 읽고 정리한 후 핵심만 요약된 정보를 제공하므로 정보 탐색에 드는 시간을 획기적으로 줄여준다.

각 문장마다 출처를 명확히 표기해 신뢰성 있는 답변을 받을 수 있다는 장점을 가지고 있다. 특히 복잡한 주제나 학술적 내용에 대해 빠르고 정확한 정보를 찾고자 할 때 유용한 도구다.

정보의 구조화를 돕는 라이너의 유용한 보조기능

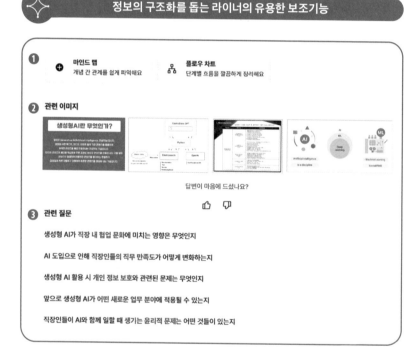

❶ 마인드맵 & 플로우차트: 개념과 흐름을 한눈에

라이너는 주요 키워드 간의 관계를 마인드맵 형태로 시각화해 제공한다. 이는 단순한 문장 나열보다 더 빠르게 정보 구조를 파악하고, 주제의 맥락을 이해하는 데 효과적이다.

또한 특정 주제가 시간 흐름이나 절차 중심의 개념일 경우, 플로우차트(Flow Chart) 형식으로 정보를 정리해 보여준다. '단계별 프로세스'나 '업무 흐름', '변화의 순서'를 직관적으로 파악할 수 있어, 업무 보고서나 기획서를 정리할 때도 매우 유용하다.

❷ 관련 이미지: 시각적 이해를 높이는 직관적 정보 제공

텍스트와 함께 제공되는 관련 이미지(차트, 그래프, 인포그래픽 등)는 복잡한 데이터를 훨씬 쉽게 이해하도록 도와준다. 특히 통계, 비즈니스 전략, 시장 동향, 개념 모델 등의 주제를 다룰 때 시각 자료는 정보의 신뢰성과 전달력 모두를 강화시키며, 신뢰도 높은 출처에서 가져온 이미지들을 함께 제시하여 검색 결과를 텍스트 중심에서 시각 중심의 정보 탐색 경험으로 전환시켜준다.

❸ 관련 질문: 질문에서 질문으로, 사고의 꼬리를 잇다

라이너가 제공하는 또 하나의 강력한 기능은 '관련 질문' 제시 기능이다. 이는 단순히 사용자 질문에 답을 주는 데서 멈추지 않고, 생각의 확장을 유도하는 꼬리 질문을 제안해준다.

예를 들어 "생성형 AI가 업무 효율에 어떤 영향을 주는가?"라는 질문에 대한 답을 받은 뒤 다음과 같은 관련 질문들을 자동으로 제안할 수 있다.

- 생성형 AI가 업무 프로세스 혁신에 미치는 구체적인 사례는?
- 의사결정에 어떻게 기여하고 있는가?
- AI 도입 이후 부서 간 협업 방식은 어떻게 바뀌었는가?

이러한 질문 유도는 단순한 궁금증 해결을 넘어서 사용자 스스로가 질문의 범위를 넓히고, 관점을 확장하며, 다음 콘텐츠로 나아가도록 유도한다. 이는 개념을 확장하고 더 좋은 답변을 얻기 위한 후속 질문 활용에 있어 매우 유익한 기능이다.

라이너 AI의 검색은 단순히 텍스트 요약으로 끝나지 않는다. 답변 이후, 사용자가 개념을 더 잘 이해하고, 주제를 더 깊이 탐색할 수 있도록

돕는 세 가지 강력한 보조 기능을 함께 제공한다.

이 기능들은 단순한 정보 전달을 넘어서, 사용자의 사고를 확장시키고, 다음 질문으로 나아가게 만드는 중요한 역할을 한다.

퍼플렉시티와 라이너 AI를 통해 확인했듯, 이제 검색은 단순히 '링크를 나열하는 단계'를 넘어, 질문에 맥락으로 답하고, 생각의 확장을 도와주는 파트너로 진화하고 있다. AI 검색 도구는 단지 정보를 찾는 수고를 덜어주는 데 그치지 않는다.

그보다 더 중요한 것은 시간을 절약하고, 생각을 정리하고, 콘텐트로 연결되는 정보 흐름을 만들어낸다는 점이다. 복잡한 주제도 빠르게 이해할 수 있게 하고, 막연한 아이디어도 질문과 요약을 통해 구체화시킬 수 있다면, 우리는 이제 탐색보다 창작에 더 많은 에너지를 쏟을 수 있는 시대에 진입한 것이다.

이제 다음으로 살펴볼 도구는 그렇게 수집한 정보와 아이디어를 바탕으로 누구나 쉽고 빠르게 프레젠테이션을 제작할 수 있도록 도와주는 AI 기반 PPT 제작 도구다. 검색으로 찾은 지식이 슬라이드 위에서 어떻게 구조화되고, 설득력 있는 스토리로 완성되는지 함께 살펴보자.

AI를 활용한 쉽고 빠른 PPT 만들기: 감마 AI

AI가 드디어 프레젠테이션까지 만들어주는 시대가 열렸다. 감마 테크 (Gamma Tech)가 선보인 감마 AI(Gamma AI)는 PPT, 문서, 웹페이지를 AI로 자동 생성해주는 서비스로, 특히 아무것도 없는 상태에서 프레젠테이션 초안을 만들어야 할 때 강력한 도움을 준다.

감마는 다양한 템플릿과 디자인 요소를 제공해, 누구나 손쉽게 전문적인 수준의 슬라이드를 빠르게 제작할 수 있도록 도와준다. 특히 슬라이드 주제만 입력하면, 전체 슬라이드의 개요부터 콘텐츠 구성까지 순식간에 생성되는 것이 큰 강점이다.

또한, 웹 브라우저 기반으로 작동하기 때문에 별도의 소프트웨어 설치나 업데이트 없이 바로 사용할 수 있으며, 클라우드 저장 기능을 통해 언제 어디서든 접속하고 편집이 가능하다. 완성된 프레젠테이션은 공유 링크를 통해 손쉽게 협업하거나 피드백을 주고받을 수 있어 팀 프로젝트나 회의 준비에도 최적화되어 있다.

지금부터 감마(Gamma) AI의 사용법과 함께, 이 도구를 어떻게 프레젠테이션 제작의 혁신적인 도구로 활용할 수 있는지 살펴보자.

먼저, 검색창에 '감마 AI'를 입력하고 공식 홈페이지에 접속한다. 화면 중앙 또는 우측 상단에 위치한 'Sign up for free' 버튼을 클릭하면 회원 가입 페이지로 이동한다. 간단한 가입 절차를 거쳐 로그인하면, 초기 가입 시 400 크레딧이 기본 제공된다. PPT 문서를 생성할 때마다 40 크레딧이 차감되며, 제공된 크레딧을 모두 사용한 이후에는 유료 플랜으로 전환해야 계속 이용할 수 있다.

이제 본격적으로 감마 AI를 통해 슬라이드를 어떻게 쉽고 빠르게 제작할 수 있는지 다음 단계에서 알아보자.

감마 AI의 초기 화면

로그인 후, 화면에서 '+ 새로 만들기' 버튼을 클릭하면 본격적인 슬라이드 제작이 시작된다. 세 가지 모드(텍스트로 붙여넣기, 생성, 파일 또는 URL 가져오기) 중 선택이 가능하다. 가장 쉽고 빠르게 초안을 얻을 수 있는 '생성' 모드에서 진행해보자.

생성

오늘은 무엇을 만들고 싶으신가요?

| 프레젠테이션 | 웹 페이지 | 문서 | 소셜 |

| 카드 8개 ∨ | [] 기본 ∨ | 🌐 한국어 ∨ |

생성형 AI의 등장이 초등 교육에 미치는 영향에 대한 발표자료

✦ 개요 생성

가장 먼저 프레젠테이션, 웹페이지, 문서, 소셜 중 어떤 유형의 콘텐트를 만들지 선택해야 한다. 프레젠테이션을 만들고자 한다면, '프레젠테이션'을 선택한 뒤, 생성할 슬라이드 개수를 선택한다. 1장~10장까지는 무료 플랜에서도 사용 가능하며, 그 이상의 슬라이드는 유료 플랜(최대 50장까지)에 가입해야만 이용할 수 있다. 내가 생성하고자 하는 PPT 자료의 스타일에 따라 세 가지(기본, 일반적, Tall 사이즈) 타입을 선택할 수 있다.

언어는 한글, 영어 등 원하는 언어로 프레젠테이션을 제작할 수 있다. 하단에 있는 입력 창에 제작하고자 하는 주제를 입력한 후, '개요 생성' 버튼을 클릭하면 감마 AI가 자동으로 슬라이드의 전체 흐름과 핵심 내용을 정리한 개요를 생성해준다. 그 개요를 바탕으로 슬라이드를 구성하는 다음 단계를 진행하면 된다.

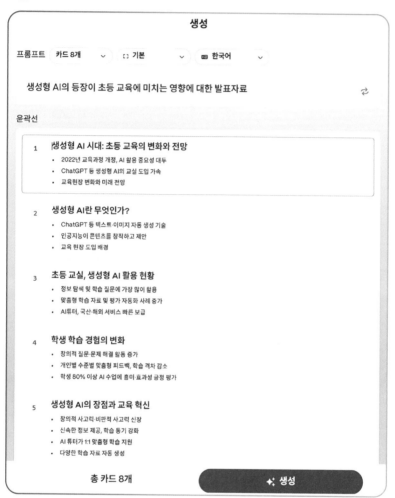

감마 AI는 입력한 주제를 참고하여 개조식으로 목차를 자동 생성해준다. 이 목차는 사용자가 자유롭게 편집할 수 있다. 만약 제시된 목차의 구성이 마음에 들지 않는다면 '다시 생성 버튼'을 클릭하여 개요를 새롭게 생성할 수 있다. 제시된 목차가 만족스럽다면 스크롤을 아래로 내려준다.

목차 구성이 완료되었다면 슬라이드 본문 생성을 위한 세부 설정 단계로 넘어간다. 이 단계부터는 감마 AI가 각 목차 항목에 맞춰 자동으로 슬라이드 내용을 작성해주는 작업이 진행된다.

❶ 테마: 슬라이드 디자인을 다양하게 선택할 수 있다. 우측 상단의 '더보기'를 클릭하면 더 다양한 종류의 슬라이드를 선택할 수 있다.

❷ 콘텐츠: 내가 만들고자 하는 슬라이드의 구성(텍스트의 양, 이미지 스타일) 요소를 설정할 수 있다.

❷-1 카드당 텍스트 양: 슬라이드에 들어가는 텍스트 양을 선택한다.

- 짧게: 짧은 문장으로 핵심만 작성하고 싶을 때

- 보통: 몇 가지 간결한 단락으로 작성하고 싶을 때

- 상세: 여러 개의 세부 단락으로 상세히 작성하고 싶을 때

❷-2 이미지 출처: 슬라이드에 들어갈 이미지 스타일을 설정할 수 있다.

- 자동: 각 이미지에 가장 적합한 이미지 유형을 AI가 자동으로 추천 선택

- 스톡 사진: AI가 Unsplas에서 무료 고해상도 사진 및 배경을 검색하여 선택

- 웹 이미지: 인터넷에서 AI가 이미지 검색하여 선택

- AI 이미지: AI가 원본 이미지 및 그래픽 생성

- 일러스트레이션: AI가 Pictographic에서 일러스트레이션을 검색하여 선택

- 애니메이션GIF: AI가 Giphy에서 재미있는 GIF를 검색하여 선택

❷-3 이미지 스타일: 사용자가 AI에 이미지 생성을 요청하는 공간

모든 선택이 끝나고 '생성' 버튼을 클릭하면, 감마 AI가 자동으로 전체 발표 자료를 만들어낸다. 단순히 주제만 입력했을 뿐인데, AI가 '목차 구성 → 내용 작성 → 시각 요소 삽입'까지 마친 PPT를 만들어준다. 각 슬라이드에는 핵심 내용을 담은 텍스트와 함께, 주제에 적합한 이미지도 자동으로 포함되어 있어 발표 자료를 별도로 꾸밀 필요 없이 바로 활용할 수 있다.

　감마 AI가 자동으로 생성한 슬라이드에는 텍스트와 이미지 요소가 포함되어 있으며, 이 모든 구성 요소는 자유롭게 수정할 수 있다. 슬라이드의 문장을 바꾸거나 이미지를 교체하고, 디자인을 조정하는 것도 드래그 앤드 드롭 방식으로 간편하게 이루어진다.

　슬라이드 수정을 마쳤다면, 우측 상단에 위치한 '프레젠테이션' 버튼을 클릭하자. 이를 통해 슬라이드쇼 형태로 전체 프레젠테이션을 미리보기 할 수 있으며, 내용의 흐름과 시각적 구성이 자연스러운지 최종 점검할 수 있다. 이제 감마 AI를 통해 완성도 높은 발표 자료를 빠르고 효율적으로 준비할 수 있게 되었다.

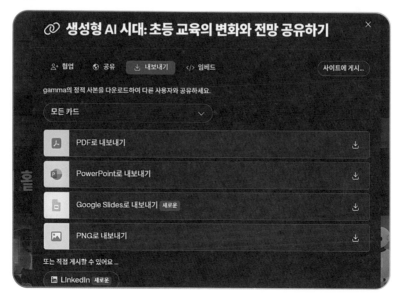

우측 상단의 '공유' 버튼을 클릭하면 생성된 자료에 다른 사람을 초대하거나, 파일을 내보내는 등 다양한 방식으로 공유할 수 있다. '내보내기' 옵션을 선택하면, 생성된 자료를 PDF 또는 PPT 파일, Google Slide, PNG 형식으로 다양하게 저장할 수 있다.

이제 더 이상 '디자인에 시간 낭비하는 발표'는 존재하지 않는다. 감마 AI를 활용하면 누구나 발표 전문가처럼 보일 수 있다. 아이디어만 있다면, AI가 그것을 슬라이드 위에 명확한 메시지로 구현해준다.

아이디어를 한 장의 도식으로 정리하는 힘: 냅킨 AI

아이디어는 종종 무심코 메모장 한 켠이나 냅킨 위에 휘갈겨 적는 낙서처럼 시작된다. 그러나 그 작은 낙서는, 적절한 구조와 맥락만 부여되면 사람을 설득하고 조직을 움직이는 한 장의 도식이 될 수 있다. 냅킨 AI는 바로 이 가능성을 실현해주는 도구다.

냅킨 AI는 단순한 메모 앱을 넘어, 사용자의 아이디어를 시각적으로 구조화해주는 AI 도식화 도구다. 텍스트로 입력한 아이디어를 기반으로 마인드맵, 플로우차트, 타임라인, 인포그래픽 등 다양한 형태의 시각 자료로 자동 변환해준다.

검색창에 '냅킨 AI'라고 검색하고 홈페이지에 접속하면 다음과 같은 페이지가 나타난다. 우측 상단 'Get Napkin Free' 버튼을 클릭하면 애플, 구글, 마이크로소프트 아이디로 간단하게 회원 가입이 가능하다.

도식도를 만들어주는 냅킨 AI 첫 화면

 Get visuals from your text

Napkin turns your text into visuals so sharing your ideas is quick and effective.

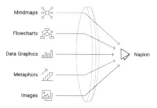

Mindmaps
Flowcharts
Data Graphics
Metaphors
Images

Napkin

마치 디자이너가 옆에서 실시간으로 도식을 그려주는 것처럼, 냅킨 AI 는 복잡한 개념을 한눈에 이해할 수 있는 구조로 정리해준다.

 냅킨 AI 기능 요약

① 텍스트 기반 시각화: 사용자의 텍스트를 기반으로 최적의 도식화 형태 제안
② AI 아이디어 확장: 주제와 관련된 개념을 자동 제안, 창의적 사고 지원
③ 실시간 협업: 여러 명이 동시에 편집하고 피드백 가능한 협업 도구
④ 세부 커스터마이징: 색상, 폰트, 아이콘 등 자유롭게 편집 가능
⑤ 다양한 내보내기 형식: PNG, PDF, SVG, PPT 등으로 저장 가능해 발표나 문서에 즉시 활용 가능

가입 후 최초 냅킨 사용 시 두 가지 방식이 제시된다.

냅킨 AI 입력 모드 선택 화면

Napkin allows you to summarize
your text content with visuals.

How would you like to add text?

❶
By pasting my
text content

❷
By generating
text using AI

❶ [By passing my text content]: 빈 도화지 위에서 직접 텍스트를 입력하거나 붙여넣으며 도식도를 그리는 방식이다.

❷ [By generating text using AI]: 주제나 제목만 입력하면 AI가 자동으로 콘텐트 초안을 만들어주는 방식이다.

초등학교 교실에서 지진 발생 시 대피 요령 3단계

이 문서는 초등학교 교실에서 지진이 발생했을 때 학생들이 안전하게 대피할 수 있도록 돕기 위한 3단계 대피 요령을 안내합니다. 지진은 예고 없이 발생할 수 있기 때문에, 학생들이 사전에 대피 요령을 숙지하고 실천하는 것이 중요합니다. 아래의 단계별 지침을 통해 안전한 대피를 할 수 있도록 하겠습니다.

1단계: 안전한 자세 취하기

지진이 발생하면 즉시 안전한 자세를 취해야 합니다. 다음과 같은 방법으로 행동하세요.

- **책상 아래로 숨기**: 가까운 책상이나 테이블 아래로 들어가 몸을 보호합니다.
- **머리와 목 보호하기**: 두 손으로 머리와 목을 감싸고, 몸을 최대한 낮추어 안정된 자세를 유지합니다.
- **움직이지 않기**: 지진이 멈출 때까지 자리를 지키고, 불필요하게 움직이지 않습니다.

2단계: 대피 경로 확인하기

지진이 멈춘 후에는 안전하게 대피할 수 있는 경로를 확인해야 합니다. 다음과 같은 절차를 따르세요.

- **주변 상황 파악하기**: 교실 내의 상황을 살펴보고, 출구가 막히지 않았는지 확인합니다.
- **교사의 지시 따르기**: 교사가 안내하는 대로 행동하며, 혼자서 움직이지 않도록 합니다.
- **안전한 경로 선택하기**: 유리창이나 떨어질 위험이 있는 물체에서 멀리 떨어진 경로로 대피합니다.

텍스트를 입력한 후, 시각화하고 싶은 문장이나 단락에 마우스를 올려보자. 화면 오른쪽에 파란색 번개 아이콘이 나타나는데, 아이콘을 클릭하거나 특정 문장을 드래그로 선택하면 냅킨 AI는 해당 내용을 분석해 가장 적합한 시각화 형태(도식화 옵션)를 제안한다.

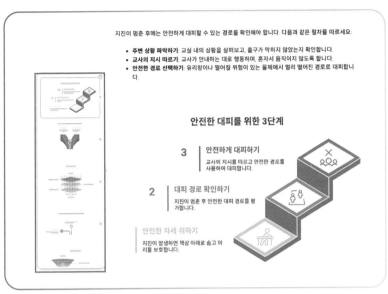

AI는 단어가 아닌 맥락을 읽고, 정보의 구조를 이해한 뒤 그것을 설득력 있게 표현해준다. 왼쪽 사이드바에서는 미리보기로 제안된 시각화들을 확인할 수 있으며, 사용자는 그중에서 가장 적합한 형태를 선택해 한눈에 들어오는 시각 자료로 완성할 수 있다.

냅킨 AI의 장점은 여기서 끝나지 않는다. 원하는 시각화 형태를 선택한 후, 왼쪽 사이드 메뉴에서는 다양한 색상 스키마, 시각적 스타일, 테마 옵션을 선택할 수 있다.

각 요소(도형, 텍스트, 연결선 등)를 클릭하면 개별적으로 색상, 폰트, 크기, 아이콘 등을 조절할 수 있고 필요에 따라 새로운 요소를 추가하거나 기존 내용을 수정하는 것도 직관적인 인터페이스로 간편하게 이루어진다.

완성된 도식도 공유 및 내보내기 화면

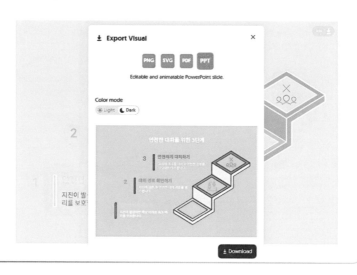

시각화를 마쳤다면, 이제는 이를 다양한 방식으로 저장하고 공유할 수 있다. 전체 도식 또는 특정 부분을 선택해 PNG, SVG, PDF, PPT 등 다양한 형식으로 내보내는 것이 가능하며, 다운로드한 결과물은 프레젠테이션, 문서 보고서, SNS 콘텐트, 블로그 포스트 등 어떤 플랫폼에도 유연하게 활용할 수 있다.

또한 우측 상단의 [Share] 버튼을 클릭하면 프로젝트 단위로 다른 사람과 공유하거나, 팀원과의 실시간 공동 편집이 가능하다. 냅킨 AI는 다자간 실시간 편집 기능을 지원하고 있으며, 내장된 하이라이팅 도구를 통해 각 요소에 피드백을 직접 표시하고 주석을 달 수 있어 교육, 팀 프로젝트, 협업 문서 작성 등에 매우 효율적이다.

냅킨 AI는 전문 디자이너가 아니어도 누구나 고품질의 도식 자료를 만들 수 있도록 설계되어 있다. 특히 한국어 기반 텍스트에도 최적화된 시각화를 제공하고 한글 문서 환경에서도 자연스럽게 편집·생성이 가능하도록 기능이 정교하게 작동한다.

덕분에 우리는 복잡한 개념을 구조화하고, 설득력 있는 메시지로 시각화하는 데 있어 그 어떤 장벽도 없이 아이디어를 정리하고 공유할 수 있는 시대에 도달한 셈이다.

하지만 좋은 시각화만으로 모든 것이 해결되지는 않는다. 핵심은, 그 안에 담긴 인사이트가 무엇이냐는 것이다. 도식이 논리라면, 그 논리를 뒷받침할 '생각의 깊이', 즉 정제된 분석과 통찰력 있는 관점이 필요하다.

이제 다음으로 소개할 도구는 단순한 요약이나 정리는 물론, 질문하고 비교하고 통합하며, 복잡한 정보를 내면화해주는 AI 분석 파트너 바로 젠스파크 AI(Genspark AI)다. 텍스트 기반 분석과 전략적 사고가 필요한 지금, 젠스파크는 'AI가 어떻게 인사이트를 도출할 수 있는가'라는 질문에 새로운 답을 제시할 것이다.

내공 있는 인사이트 도출:
젠스파크 AI

우리는 지금 정보 활용 방식의 진화를 생생히 목격하고 있다. 과거에는 구글이나 네이버 같은 전통적인 검색엔진을 통해 정보를 수집했다. 사용자는 키워드를 입력하고, 검색 결과에 나온 수많은 링크를 하나하나 클릭하며 원하는 정보를 직접 찾아야 했다. 이 과정은 많은 시간이 들고 반복적인 수작업이 필요했으며, 결국 사용자의 노력이 중심인 구조였다.

이후 챗GPT나 퍼플렉시티와 같은 생성형 AI 검색 도구가 등장하면서 변화가 시작되었다. 이제는 질문을 입력하면 요약된 답변을 즉시 받아볼 수 있는 시대가 열린 것이다. 정보 수집의 효율성은 확실히 높아졌고, 사용자의 부담은 줄어들었다. 하지만 이 방식 역시 근본적인 한계를 안고 있다. 여전히 사용자가 각 도구에 직접 접속해 질문을 입력하고, 생성된 답변을 일일이 읽고 비교한 뒤, 스스로 정리해야 한다는 점이 바로 그 한계다. 여전히 작업에 많은 시간이 필요한 것이다. 그레시 이 정도는 기존의 정보 사냥 방식이 약간 진화한 수준일 뿐, 패러다임을 완전히 바꾼 새로운 것이라 말하기는 힘들다는 비판도 있었다.

그러나 이제 또 다른 진화가 시작되었다. 바로 '에이전트의 시대'다. 젠스파크 AI와 같은 에이전트형 AI의 등장은 지금까지와는 전혀 다른 방식의 정보 활용 가능성을 열어주고 있다. AI 에이전트는 단순히 질문에 대답하는 것을 넘어, 여러 AI 도구를 자동으로 호출하고, 이들이 각각 생성한 답변을 분석해 통합된 결과를 제공한다.

예를 들어, 사용자가 하나의 질문을 입력하면 AI 에이전트는 동시에 3개~5개의 AI 도구에 접속해 관련된 자료를 탐색하고, 생성된 결과들을 서로 비교하고 분석한다. 더 나아가 이 과정에서 부족하거나 빠진 정보가 있다면 스스로 이를 인식하고, 추가적인 질문을 생성하여 보다 깊이 있는 내용을 스스로 수집한다. 이제는 사용자가 직접 질문을 반복하지 않아도 되는 것이다.

이러한 방식은 정보 탐색의 주체가 사용자에서 AI로 전환되었다는 것을 의미한다. AI 에이전트는 단순한 정보 제공자를 넘어서, 능동적으로 정보를 종합하고 정리해주는 조력자로 진화하고 있다. 이제 우리는 정보의 소비자이자, 정보를 설계받는 사용자로서 새로운 패러다임에 진입한 셈이다.

즉, AI 에이전트는 단순한 '답변 생성기'가 아니라, 스스로 정보를 수집하고 분석해 통찰을 도출하는 '인사이트 도출사'라 할 수 있다. 여러 정보 소스를 종합하고 교차 검토해 최종적으로 높은 완성도의 결과물을 제공하는 이 과정은, 마치 숙련된 연구원이나 전략 컨설턴트가 방대한 자료를 분석하고 종합적인 보고서를 작성하는 것과 매우 유사하다.

젠스파크 AI와 같은 에이전트형 도구는 특히 복잡한 주제나 다각적인 분석이 필요한 상황에서 진가를 발휘한다. 시장 동향 분석, 경쟁사 리서치, 전략 수립, 트렌드 예측 등 고차원적 사고와 인사이트가 요구되는 영역에서 에이전트는 강력한 협업 파트너가 될 수 있다.

이러한 도구들이 이미 손이 닿는 곳에 있음에도 불구하고 여전히 AI를 구독하지 않고 있거나 활용하지 않고 있다면, 결국 빠르게 변화하는 비즈니스 환경 속에서 점차 경쟁력을 잃게 될 가능성이 높다. 경쟁사는 이미 AI 에이전트를 활용해 몇 시간 만에 고도화된 시장분석 보고서를 완성할 때 여전히 기존 방식에 의존해 비슷한 수준의 자료를 며칠을 들여 만들어내는 데 머문다면, 그 차이는 시간이 지날수록 더욱 벌어질 수밖에 없다.

AI 에이전트의 활용은 단순히 도구를 쓰는 기술적 선택이 아니다. 우리의 업무 방식과 생산성, 나아가 사고 구조 자체를 바꾸는 패러다임의 전환이다. 이는 스마트폰이 기존의 전화기를 대체하는 수준이 아니라, 우리의 소통 방식, 정보 소비 습관, 일상의 패턴 자체를 송두리째 바꾸어 놓은 것과 유사한 변화라 할 수 있다.

따라서 AI 에이전트와의 협업을 일상화하는 습관이 필요하다. AI 에이전트에 업무를 위임하고, 그 결과물을 리뷰하고 보완하는 방식으로 작업 흐름을 재구성해보자. 처음에는 어색하게 느껴질 수 있지만, 점차 협업 방식에 익숙해지면 도구가 아니라 동료처럼 느껴질 것이며, 그에 따라 업무 효율성 또한 눈에 띄게 향상될 것이다.

이제 우리는 정보 사냥의 시대를 지나, 생성의 시대를 거쳐, 인사이트의 시대로 접어들고 있다. 그 중심에는 AI 에이전트가 있다. 미래는 이미 우리 앞에 와 있다. 필요한 것은 그 미래를 받아들이고 적극적으로 활용할 수 있는 우리의 자세와 실행력이다.

그럼 지금부터 대표적인 에이전트형 AI 도구인 젠스파크 AI를 직접 활용해보자. 구글 검색창에 '젠스파크 AI'를 입력해 공식 홈페이지에 접속한다.

❶ 회원 가입 팝업창을 통해 구글, 마이크로소프트, 애플 계정 중 원하는 방식으로 소셜 로그인이 가능하다. 간단한 인증 절차만 거치면 즉시 플랫폼 이용이 가능하다.

❷ 로그인 후 메인 화면의 프롬프트 입력 창에 질문이나 요청 내용을 입력하고 '엔터'를 눌러준다. 젠스파크는 앞서 소개한 퍼플렉시티와 마찬가지로 출처 기반의 답변을 제공하므로, 신뢰도 높은 정보를 빠르게 확인할 수 있다.

❸ 본격적인 작업을 위해 목적에 따라 적절한 에이전트를 선택해야 한다.

- 기본 에이전트에서는 AI 채팅(검색), 이미지 생성, 비디오 생성, 번역 등 단일 기능 기반의 작업이 가능하다.

- 고급 에이전트에서는 보다 복잡한 작업을 자율적으로 수행하는 딥리서치, 데이터 검색, 교차 검증 등의 기능을 사용할 수 있다.

이번에 사용해볼 에이전트는 '딥리서치'다. 좌측 사이드바에서 '딥리서치' 항목을 바로 클릭하거나, '모든 에이전트' 메뉴를 열어 고급 에이전트 항목 중 '딥리서치' 영역에서 '+Task' 버튼을 눌러 진입할 수 있다.

2025 서울국제정원박람회 기획 전략

계획 생성   딥리서치   최종 보고서

✅ 세계 3대 정원박람회 기본정보 수집

✅ 정원박람회 비교 분석

✅ 세계 3대 정원박람회 심층정보 추가수집

✅ 정원박람회 파급효과 심층 분석

딥리서치는 리포트 생성처럼 복잡하고 고난도의 작업도 수행할 수 있기 때문에 이번에는 '2025년 서울국제정원박람회 기획 전략 보고서 작성'이라는 주제로 에이전트에게 작업을 요청해보았다.

지시가 입력되자, 에이전트는 곧바로 관련 정보를 스스로 검색하고 수집을 시작한다. 단순히 정보를 나열하는 것이 아니라, 수집한 자료를 정리하고, 그 내용을 바탕으로 스스로에게 질문을 던지며 논리적인 흐름을 구성해나간다.

또한 생성된 답변에 대해 추가적인 검증 과정을 거치고, 필요에 따라 다시 검색을 반복하며 누락된 정보나 부정확한 데이터를 보완한다. 이러한 과정을 몇 차례 반복한 후, 최종적으로 하나의 완성도 높은 전략 리포트를 생성해낸다.

이처럼 딥리서치는 단순한 정보 요약이나 응답 생성에 그치지 않고, 사용자의 의도를 이해하고 목적에 맞는 형태로 가공된 결과물을 제공할

수 있는 고도화된 에이전트형 AI다.

완성도 높은 최종 보고서를 작성한 젠스파크 AI

✅ **최종 보고서**   ∧

Sparkpage

2025 서울국제정원박람회 성공 전략 및 기술 융합 모델

본 기사는 글로벌 및 국내 정원박람회 성공 사례 분석을 통해 서울형 경쟁력 모델을
도출하고, AI 기반 시민참여형 디자인 플랫폼 구축 및 스마트 그린 테크놀로지 접목
환경교육 프로그램 개발을 위한 체계적 기획 로드맵을 제시합니다. 데이터 기반 분
석과 최신 기술 트렌드를 반영하여 전통과 혁신이 공존하는 서울국제정원박람회의
성공 모델을 다각도로 검토합니다.

더 보기 〉

잠시 후, 에이전트는 하나의 완성도 높은 최종 보고서를 제시한다. 화
면 아래의 '더 보기'를 클릭하면, 단순한 요약이나 개요 수준이 아닌, 실
제로 실무에 활용할 수 있을 만큼 탄탄하게 구성된 전략 보고서가 생성
된 것을 확인할 수 있다. 내용은 논리적 흐름을 갖추고 있고, 관련 데이
터를 기반으로 근거를 제시하며, 실행 가능한 제안까지 포함하고 있어
한 장의 리포트로서 손색이 없다.

이 경험은 에이전트가 단순한 도구를 넘어, 우리의 디지털 동반자로
진화하고 있다는 사실을 명확하게 보여준다. 이제 리서치와 분석, 전략
기획 같은 복잡한 업무는 AI에게 '위임'하고, 사람은 그 결과를 검토하고
판단하는 역할에 집중할 수 있는 시대가 된 것이다.

젠스파크 AI와 같은 에이전트형 도구들은 단순한 자동화의 수준을 넘

어, 업무 효율성의 비약적인 향상, 그리고 깊이 있는 인사이트 확보라는 두 마리 토끼를 동시에 잡을 수 있게 한다. 복잡한 시장분석, 경쟁사 조사, 정책 기획, 전략 수립 같은 고난도 작업일수록 그 효과는 더욱 뚜렷하게 드러난다.

이제 AI와의 협업은 더 이상 특별한 선택지가 아니다. 경쟁력을 유지하고, 미래를 준비하기 위한 필수 역량이다. 오늘부터 여러분의 일상적인 업무에 AI 에이전트를 적극적으로 도입해보자. 가장 단순한 리서치부터 시작해, 점차 전략과 의사 결정 영역까지 확장해나간다면, 업무의 질과 속도 모두에서 분명한 변화를 경험하게 될 것이다.

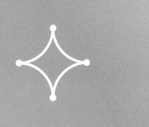

5장

AI 전략 심화:
챗GPT로 나만의 AI 비서 만들기

오직 나를 위한
맞춤형 AI

2025년, AI는 더 이상 모두에게 동일한 방식으로 대응하는 획일적인 도구가 아니게 되었다. 챗GPT가 선보인 GPTs(GPT Systems) 덕분에 이제는 각자의 필요와 목적에 맞춘 맞춤형 AI 비서를 직접 만들 수 있게 되었기 때문이다. 이 GPTs를 활용하는 방법은 크게 두 가지로 나뉜다.

첫 번째는 다른 사람이 이미 만들어둔 GPTs를 활용하는 방식이다. GPT 스토어에 접속하면 요리 레시피를 추천해주는 셰프 GPT, 외국어 학습을 도와주는 어학 교사 GPT, 재테크 조언을 제공하는 재무 컨설턴트 GPT 등 다양한 AI 비서를 자유롭게 활용할 수 있다. 이러한 기존 GPTs는 무료 플랜 사용자도 사용할 수 있지만, 메시지 사용에 제한이 있으며 일정 한도에 도달하면 챗봇 이용이 일시 중단된다.

두 번째는 나만의 GPTs를 직접 만드는 방식이다. 이는 유료 플랜(Plus 또는 Pro)을 구독한 사용자에게 제공되는 기능으로, 자신만의 특별한 AI 비서를 만들 수 있는 권한이다. 예를 들어 매일 아침 일정을 확인하고 주요 뉴스를 브리핑해주는 비서나, 식단과 운동을 챙겨주는 건강 매니저를 설정할 수 있다. 새로운 직원을 채용하고 교육하듯이, 사용자는 AI에게 특정한 역할과 지침을 설정할 수 있다.

바로 이 지점에서 AI 구독자와 비구독자 사이의 새로운 격차가 발생한다. AI 구독자는 자신만의 요구 사항을 반영한 맞춤형 AI 비서를 만들 수 있다.

"너는 이제부터 내 건강을 관리하는 매니저야.
매일 아침 7시에 내 체중과 수면 시간을 확인하고,
그에 맞춰 오늘의 운동 계획을 짜줘."

이런 구체적인 지시를 설정해두면 AI는 그에 맞춰 성실하게 역할을 수행한다.

특히 비즈니스 영역에서 이 차이는 더욱 뚜렷하게 드러난다. 유료 구독자는 자신의 업무 특성과 조직의 필요를 반영해 보고서 작성, 데이터 분석, 회의 준비 등에서 최적화된 AI 비서를 직접 설계하고 활용할 수 있다. 이는 결국 업무 생산성과 경쟁력의 차이로 이어지게 된다.

이제는 나만의 특별한 AI 비서를 직접 만들어볼 차례다. 지금부터 GPTs를 활용해 맞춤형 AI 비서를 만드는 구체적인 방법을 하나씩 살펴보자.

GPTs 활용하기

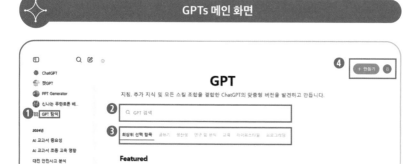

❶ GPT 스토어는 챗GPT 왼쪽 화면에 위치한 [GPT 탐색] 탭을 클릭하면 접속할 수 있다.

❷ 접속 후 상단의 GPTs 검색창에 원하는 키워드를 입력하면 다양한 GPTs를 검색할 수 있다.

❸ 주제별 GPTs는 화면 상단의 주요 카테고리(Writing, Productivity, Research & Analysis, Education, Lifestyle, Programming)를 클릭하면 해당 주제에 맞는 인기 GPTs를 한눈에 확인할 수 있다. 각 카테고리 하단의 '더 보기(See more)'를 클릭하면 더 많은 GPTs가 나열된다.

❹ [+만들기] 버튼을 클릭하면 나만의 GPTs를 만들 수 있는 기본 설정 화면으로 이동하며, 이 기능은 유료 구독 사용자만 이용할 수 있다.

다른 사람이 만든 GPTs 사용해보기

GPT 스토어를 효과적으로 활용하고 싶다면 검색 키워드를 영어로 입력하는 것이 좋다. 예를 들어 '글쓰기' 대신 'writing'으로 검색하면 더 다양한 GPTs를 찾을 수 있다. 이는 전 세계 사용자들이 만든 GPTs에 더 쉽게 접근할 수 있게 해준다.

해외에서 만든 GPTs라고 해도 걱정할 필요는 없다. 대화 시작 시 "이제부터 모든 대화는 한글로 진행해줘"라고 요청하면, 어떤 GPTs든 한글로 자연스럽게 소통할 수 있다. 이렇게 하면 언어 장벽 없이 전 세계의 유용한 GPTs를 자유롭게 활용할 수 있다.

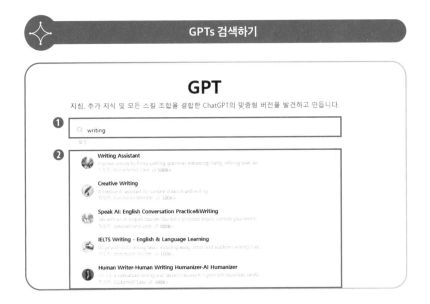

● GPTs를 검색하려면 GPT 스토어 상단의 검색창에 키워드를 입력하면 된다.

❷ 검색 결과에서 GPT 정보 옆에 숫자가 표시되는데, 이 수치는 해당 GPT를 얼마나

많은 사용자가 사용했는지를 보여준다. 사용자 수가 많다는 것은 그만큼 신뢰받고 만족도가 높은 GPT라는 의미로 해석할 수 있다.

GPTs의 세계는 마치 스마트폰의 앱스토어와 같다. 수많은 개발자들이 자유롭게 자신만의 앱을 등록하듯, GPT 스토어에도 매일 새로운 AI 비서들이 등록되고 있다. 이처럼 개방성과 다양성은 GPT 생태계의 큰 장점이지만, 동시에 품질과 신뢰성이 보장되지 않는 GPTs도 존재할 수 있다는 점에서 양날의 검이 될 수 있다.

그렇다면 수많은 GPTs 중 어떤 것을 선택하는 것이 좋을까? 가장 안전하고 효율적인 방법은 오픈AI에서 직접 제작한 공식 GPTs를 활용하는 것이다. 또한, 글로벌 기업들이 자사의 서비스와 연동하여 제작한 GPTs도 높은 신뢰성과 실용성을 지닌 유용한 선택지가 된다. 이들은 기업의 전문성과 서비스 품질이 그대로 녹아 있어, 실제 업무 현장에서도 안정적으로 사용할 수 있다.

이제 본격적으로 우리의 일상과 업무를 더욱 생산적이고 효율적으로 변화시켜줄 GPTs를 알아보도록 하자.

Write For Me GPTs:
글쓰기를 더 쉽고 빠르게

블로그 글, 에세이, 기사, 보고서 등 다양한 유형의 글을 작성할 때 가장 어려운 점은 아이디어를 정리하고 이를 논리적인 흐름으로 구성해 나가는 과정이다. 또한 문법적인 오류를 바로잡고 문장을 매끄럽게 다듬는 작업 역시 많은 시간을 요구한다.

이러한 복잡한 과정을 AI가 도와주면, 글쓰기는 훨씬 수월해질 수 있다. 'Write For Me'는 글쓰기의 전반적인 과정을 지원해주는 GPTs로, 초안 작성부터 문법 교정, 구조 재배열까지 다양한 기능을 갖추고 있다. 아이디어만 있다면, 글의 뼈대를 빠르게 세우고 다듬는 데 효과적으로 활용할 수 있다. 특히 글쓰기에 대한 부담감을 줄이고, 초안을 빠르게 작성하고자 하는 사용자에게 유용한 도구가 된다.

Write For Me

작성자: puzzle.today 🌐

Write tailored, engaging content with a focus on quality, relevance
and precise word count.

Write For Me 소개

'Write For Me'는 글쓰기에 대한 고민을 덜어주는 강력한 AI 어시스턴트다. 사용자는 글의 주제와 목적만 입력하면, 이 챗봇이 초안을 자동으로 생성해주며, 문장 구성과 문맥 정리까지 자연스럽게 도와준다. 특히 글의 톤과 스타일을 조정할 수 있어, 단순한 텍스트 생성기를 넘어서 더 매력적이고 설득력 있는 문서를 만드는 데 큰 도움이 된다.

이 챗봇은 다양한 상황에서 활용될 수 있다. 블로그나 기사 작성 시에는 아이디어를 빠르게 문장으로 정리하고, 독자의 흥미를 끌 수 있는 문장을 만드는 데 유용하다. 논문이나 보고서를 쓸 때는 논리적인 구조를 잡고 전문적인 문장을 구성하는 데 큰 역할을 한다. 비즈니스 이메일이나 제안서 등에는 메시지를 간결하고 효과적으로 전달할 수 있도록 돕는다. 또한 소설, 에세이, 시나리오 등 창작 글쓰기에서도 아이디어를 발전시키고 몰입감 있는 서사를 구성하는 데 도움을 준다.

사용법도 간단하다. 주제와 스타일을 입력하면 초안이 자동으로 생성되고, 그 위에 '문장 다듬기', '구조 변경', '강조할 내용 추가' 등의 지시를

주면 원하는 형태로 점차 다듬어갈 수 있다. 결국에는 자연스럽고 가독성 높은 완성된 문서로 마무리된다.

Write For Me 사용 방법

❶ 'Write For Me'를 사용하려면 먼저 [GPT 탐색] 탭으로 이동해 'GPTs' 검색창에 'Write For Me'를 입력하여 해당 챗봇을 찾는다. 검색된 챗봇을 선택해 실행하면 본격적인 글쓰기 작업을 시작할 수 있다.

❷ 챗봇을 실행한 후에는 작성하고자 하는 글의 주제나 목적을 입력한다. 이때 단순히 주제만 전달하는 것보다 글의 목적, 대상 독자, 톤과 스타일 등을 함께 알려주는 것이 더 효과적인 결과를 얻는 데 도움이 된다. 예를 들어, 단순히 "SNS 광고 전략에 대해 써줘"라고 입력하는 대신 "마케팅 블로그 글을 쓰고 싶어. 주제는 'SNS 광고 전략'이고, 친근하면서도 전문가다운 톤으로 작성해줘."라고 프롬프트를 입력하면, 더 세련되고 목적에 맞는 초안을 받을 수 있다.

❸ 'Write For Me'는 입력된 조건을 바탕으로 자연스럽고 명확한 구조의 초안을 제시하며, 이후 수정 지시를 통해 문장을 다듬거나 강조하고 싶은 부분을 강조하는 등 원하는 방식으로 글을 완성해나갈 수 있다.

 Write For Me 프롬프트 입력 예시

우리는 맛있고 건강한 음식을 만드는 종합식품 기업이야. 이번에 새롭게 출시한 단백질 음료에 대하여 블로그에 신제품을 홍보하는 글을 작성하려고 해. 이 제품의 대상 타깃은 2030의 건강관리를 하는 여성이야. 경쟁제품 대비 칼로리가 낮고, 다양한 맛(초코, 바나나, 딸기, 커피, 바닐라 맛) 선택이 가능하다는 장점이 있어. 친근하면서도 전문가다운 톤으로 작성하고, 쉬운 단어들을 사용해줘.

모든 대화는 한글로 진행해줘.

❹ 우리가 사용하는 대부분의 인기 챗봇들은 해외에서 개발된 경우가 많다. 이 때문에 한국어로 질문을 입력하더라도, 답변이 영어로 출력되는 경우가 종종 발생한다. 이러한 문제를 방지하기 위해서는 처음 질문을 입력할 때 문장 끝에 "모든 대화는 한글로 진행해줘"라는 문구를 함께 넣어주는 것이 좋다. 이 한 줄만 추가해도 챗봇은 이후의 모든 응답을 한국어로 제공한다. 특히 GPTs 스토어나 다양한 챗봇을 탐색하며 활용할 때, 이러한 기본 설정은 사용자 경험을 크게 개선해준다. 언어 장벽 없이 다양한 글로벌 GPTs를 자유롭게 활용하고 싶다면, 이 문장은 꼭 기억해두는 것이 좋다.

❺ 챗봇이 초안을 작성하면 전체적인 개요와 핵심 내용을 먼저 검토한 후, 원하는 방향으로 수정을 요청할 수 있다. 예를 들어 문장의 톤이 너무 딱딱하게 느껴진다면 "조금 더 부드러운 톤으로 바꿔줘", 특정 내용을 추가하고 싶다면 "이 부분에 최신 트렌드 예시를 넣어줘", 문단 구조를 바꾸고 싶다면 "이 문단을 맨 앞으로 이동해줘"와 같이 구체적인 요청을 입력하면 된다.

❻ 수정이 완료되면 "최종적으로 다듬어줘"라고 요청해보자. 그러면 챗봇이 문장의 흐름을 매끄럽게 정리하고, 가독성을 높인 형태로 다시 정리해준다. 모든 과정이 끝나면 완성된 글을 복사하여 바로 활용할 수 있으며, 필요에 따라 워드나 PDF 형식으로 저장해두는 것도 가능하다.

'Write For Me'를 활용하면 글쓰기 작업이 훨씬 효율적이고 전문적인 결과로 이어진다. 아이디어 구상부터 초안 작성, 수정 및 최종 다듬기까지 모든 과정을 손쉽게 처리할 수 있어 시간과 노력을 크게 절약할 수 있다. 특히 시간이 부족하지만 퀄리티 높은 글을 작성해야 하는 상황에서 이 챗봇은 매우 유용하게 활용될 수 있다. AI의 도움을 받아, 더 나은 글을 더 빠르게 완성해보자.

☑ 맛있고 건강한 단백질 음료, 이렇게 다릅니다!

요즘 단백질 보충은 필수지만, 기존 단백질 음료들은 칼로리가 높거나 맛이 아쉬운 경우가 많죠. 하지만 우리의 단백질 음료는 다릅니다!

* 부담 없는 낮은 칼로리 – 칼로리 걱정 없이 단백질을 보충하세요!
* 다양한 맛 선택 가능 – 초코, 바나나, 딸기, 커피, 바닐라까지! 원하는 맛을 골라 즐기세요.
* 균형 잡힌 단백질 함량 – 효과적인 영양 보충을 위해 최적의 단백질을 제공합니다.
* 간편한 한 병으로 완성! – 한 병으로 하루 단백질 섭취를 해결할 수 있어요.

◎ 이런 분들에게 추천해요!

✔ 헬스, 요가, 필라테스를 즐기며 몸매 관리를 하는 분
✔ 바쁜 일상 속에서도 건강한 간식을 찾는 직장인
✔ 다이어트 중이지만 단백질 섭취를 놓치고 싶지 않은 분
✔ 기존 단백질 음료의 맛이 아쉬웠던 분

⏰ 언제, 어디서나 간편하게!

◎ 아침 식사 대용으로 – 바쁜 아침, 간편하게 영양을 채우세요.
◎ 운동 후 단백질 보충으로 – 운동 후 빠르게 단백질을 보충하세요.
◎ 출근길, 공부 중, 혹은 가벼운 간식으로 – 언제 어디서나 건강한 한 잔을 즐기세요.

이제 단백질 보충도 맛있고 즐겁게! 💪 건강도 챙기고, 맛있는 한 잔의 여유까지 함께하세요. 지금 바로 만나보세요! 🥤

2030 여성을 위한 새로운 단백질 음료 출시! 🌸

건강을 챙기면서도 맛있는 음료를 찾고 계신가요? 바쁜 일상 속에서도 균형 잡힌 영양을 간편하게 섭취할 수 있는 신제품 단백질 음료를 소개합니다! 칼로리는 낮추고, 맛은 다양하게 준비해 언제 어디서나 즐길 수 있는 건강한 선택이에요.

☑ 맛있고 건강한 단백질 음료, 이렇게 다릅니다!

요즘 단백질 보충이 필수지만, 기존 단백질 음료는 칼로리가 높거나 맛이 아쉬운 경우가 많죠. 하지만 우리의 단백질 음료는 다릅니다! 낮은 칼로리로 부담 없이 즐길 수 있고, 초코, 바나나, 딸기, 커피, 바닐라까지 다양한 맛을 선택할 수 있어요. 또한, 균형 잡힌 단백질 함량으로 영양을 효과적으로 보충할 수 있으며, 한 병으로 하루 단백질 섭취를 간편하게 해결할 수 있어요.

◎ 이런 분들에게 추천해요!

헬스, 요가, 필라테스를 즐기며 몸매 관리를 하는 분들에게 딱 맞는 음료예요. 바쁜 직장인이라도 건강한 간식을 챙기고 싶다면 더욱 좋은 선택이 될 거예요. 또한, 다이어트 중이라도 단백질 섭취를 놓치고 싶지 않은 분들, 기존 단백질 음료의 맛이 만족스럽지 않았던 분들에게 강력 추천합니다!

⏰ 언제, 어디서나 간편하게!

바쁜 아침, 건강한 식사 대용으로 마시면 영양을 챙길 수 있어요. 운동 후에는 빠르게 단백질을 보충하는 용도로도 좋아요. 출근길이나 공부할 때, 혹은 가벼운 간식이 필요할 때 언제든 간편하게 즐길 수 있는 건강한 선택지가 되어 줄 거예요.

이제 단백질 보충도 맛있고 즐겁게! 💪 건강을 챙기면서도 맛있는 한 잔의 여유까지 함께하세요. 지금 바로 만나보세요! 🥤

Power Point GPTs:
PPT의 혁신

회의실에서 가장 자주 들리는 말 중 하나는 "이 내용으로 발표 자료 좀 만들어주세요"일 것이다. 하지만 수많은 자료를 분석하고, 그 핵심을 요약해 보기 좋게 정리된 슬라이드로 만드는 작업은 생각보다 쉽지 않다. 특히 시간에 쫓기는 상황이라면 그 어려움은 배가된다.

이제 이러한 고민을 덜어줄 수 있는 도구가 등장했다. 바로 Power Point GPTs다. 이 챗봇은 사용자가 입력한 주제나 자료를 바탕으로 슬라이드 개요부터 주요 콘텐츠 구성, 시각적 요소까지 자동으로 제안해준다.

단순히 글을 생성하는 수준을 넘어, 발표 목적과 청중의 특성에 따라 톤과 구성을 달리할 수 있어 더 설득력 있는 프레젠테이션 제작이 가능하다. 시간은 부족하고 퀄리티는 포기할 수 없는 상황에서, Power Point 챗봇은 발표 준비를 위한 훌륭한 조력자가 될 것이다.

Power Point

작성자: Hannes Klockenhoff

Assists with creating PowerPoint presentations, offering design and content advice.

| How can I make my PowerPoint on climate change... | What's the best way to structure my business... | Can you suggest some design ideas for a tech... | I need help with my presentation's conclusion. Any... |

Power Point 소개

'Power Point'는 발표의 목적과 청중에 맞춘 PPT 구성안을 제안하고, 적절한 디자인과 레이아웃을 추천하며, 내용을 효과적으로 전달할 수 있도록 콘텐트 배치를 도와준다.

특히 다음과 같은 상황에서 유용하게 활용할 수 있다. 첫째, 발표 준비 시간이 부족할 때 빠르게 PPT의 기본 틀을 잡고 싶을 경우. 둘째, 시각적으로 정돈된 슬라이드를 제작해야 할 때 일관된 디자인을 손쉽게 완성하고자 할 경우. 셋째, 발표 내용의 논리적 흐름과 핵심 메시지를 잘 정리하고 싶을 때. 이런 경우에 이 챗봇을 활용한다면 상당한 도움이 될 수 있다.

이 챗봇은 간단한 입력만으로도 슬라이드 구성, 디자인 요소, 레이아웃을 자동으로 추천해 PPT 제작 시간을 단축시키고, 결과물의 완성도를 높여준다. 단순한 디자인 추천을 넘어서, 발표 주제와 목적에 알맞은 구조를 제안해주기 때문에 더 설득력 있는 발표 자료를 만들 수 있다.

발표 준비를 더 스마트하고 효율적으로 하고 싶다면, 이 'Power Point'를 활용해보자. 그만큼 더 쉽고 빠르게, 그리고 전문적으로 구성된 PPT를 완성할 수 있게 될 것이다.

Power Point 사용 방법

❶ [GPT 탐색]을 클릭한 뒤 GPTs 검색창에 'Power Point'를 입력하여 검색한다.

❷ 만들고 싶은 PPT의 주제를 입력한다. 이때 단순히 주제만 입력하기보다는 발표 목적, 대상, 강조하고 싶은 메시지 등 기획에 도움이 되는 정보를 함께 넣으면 더욱 완성도 높은 결과를 얻을 수 있다.

Power Point 프롬프트 입력 예시

"생성형 AI 도입이 대학 교육에 미치는 영향과 생성형 AI가 교수자의 강의 준비 및 자료 제작에 미치는 실질적인 이점과 한계는 무엇인가?"라는 주제로 세미나 발표를 위한 파워포인트를 작성하고 싶어. 청중은 대학교수 50명이고, 발표 시간은 30분이야.
모든 대화는 한글로 진행해줘.

❸ 프롬프트를 입력하면 파워포인트 챗봇이 본격적인 기획서 작성을 시작한다. 전체적인 발표 흐름을 제시하고, 각 슬라이드별로 담아야 할 핵심 내용, 디자인 방향, 레이아웃 구성 팁 등을 함께 제안해준다. 작성된 내용 중 강조하고 싶은 포인트가 있다면 "이 부분을 좀 더 강조해줘", 또는 "더 캐주얼한 스타일로 바꿔줘"와 같은 방식으로 추가 요청을 하면 된다.

❹ 초안이 만족스러울 경우 "다음 단계 진행해줘"라고 입력한다. 챗봇은 이후 내용을 더욱 디테일하게 보완하고 다듬어 완성도를 높여준다.

Power Point가 만들어준 기획서 초안

✦ 발표 흐름 및 PPT 기본 구조

1. 표지 (1장)
- 제목: *"생성형 AI와 대학 교육: 기회와 도전"*
- 부제(선택): *"교수자의 강의 준비 및 자료 제작을 중심으로"*
- 발표자 이름, 소속

2. 개요 및 문제 제기 (1~2장)
- 생성형 AI란? (ChatGPT, Claude, Gemini 등 주요 예시)
- 대학 교육에서 AI 도입이 왜 중요한가?
- 생성형 AI 활용이 증가하는 배경

3. 생성형 AI가 대학 교육에 미치는 영향 (2~3장)
- 긍정적인 변화
  - 학습 보조 역할 (자동 요약, 개념 설명, 피드백 제공)
  - 개별 맞춤형 교육 가능성 (학생 수준에 맞춘 자료 제공)
  - 학습 접근성 향상 (언어 장벽 해소, 장애 지원)
- 우려 및 도전 과제
  - 학습 윤리 문제 (표절, 부정행위 증가 가능성)
  - 비판적 사고 능력 저하 우려
  - AI 콘텐츠의 신뢰성 문제 (잘못된 정보 생성 가능성)

◉ 디자인 및 레이아웃 팁

1. **배경:** 대학 교육과 기술을 연관 짓는 심플한 디자인 (예: 미래지향적인 블루톤)
2. **폰트:** 가독성이 좋은 "나눔고딕" 또는 "맑은 고딕" 사용
3. **이미지 및 아이콘 활용:** 생성형 AI 개념을 시각적으로 표현하는 아이콘 또는 다이어그램 삽입
4. **애니메이션 최소화:** 핵심 내용을 강조하는 정도로 제한

📄 다음 단계

- PPT 초안을 직접 만들어볼까요?
- 특정 부분을 더 강조하고 싶거나, 원하는 스타일이 있으면 알려주세요! 😊

좋아 다음단계 진행하자

좋아요! 😊 이제 PPT 초안을 직접 구성해볼게요.

이제 파워포인트 작성은 더 이상 막막한 일이 아니다. 이 챗봇은 여러분의 든든한 기획 파트너이자 디자인 컨설턴트가 되어줄 것이다. 빠르고 효율적으로 전문가 수준의 프레젠테이션을 완성해보자.

Spreadsheet Maker GPTs: 빠르고 정확한 데이터 작업

데이터를 다루는 업무는 현대 직장인에게 더 이상 선택이 아닌 필수적인 역량이 되었다. 매출 현황을 분석하고, 프로젝트 일정을 관리하며, 인사 정보를 정리하는 등 거의 모든 부서에서 엑셀이나 CSV 파일을 활용한 스프레드시트 작업이 일상적으로 이루어진다. 그러나 복잡한 데이터 입력, 함수나 수식의 작성, 조건에 맞는 정렬 및 필터링을 반복적으로 수행하는 작업은 생각보다 많은 시간과 에너지를 소모하게 만든다. 특히 단순한 실수 하나로도 전체 결과에 영향을 미칠 수 있어 집중력과 정확성이 요구되는 작업이기도 하다.

이러한 어려움을 해결하고 데이터 작업을 보다 빠르고 정확하게 수행할 수 있도록 도와주는 GPTs가 있다. 이 GPTs는 사용자가 올린 엑셀이나 CSV 파일을 자동으로 분석하고, 필요한 정보 추출, 수식 적용, 시각화 등 다양한 기능을 수행할 수 있도록 지원한다. 복잡한 피벗 테이블 구성이나 조건부 서식 지정, 그래프 생성 같은 고급 기능도 손쉽게 처리할 수 있으며, 사용자의 의도를 파악해 그에 맞는 작업을 제안하기도 한다.

Spreadsheet Maker - Excel - CSV - Spreadsheet

작성자: aidocmaker.com

Prompt to create spreadsheets. Works with Excel, CSV, and more.

Spreadsheet Maker 소개

이 챗봇은 이러한 데이터 업무의 부담을 덜어주는 효율적인 도구다. 사용자가 원하는 데이터를 입력하면 자동으로 표를 생성하고, 정렬, 필터링, 수식 적용 등 다양한 기능을 통해 데이터를 체계적으로 정리해준다.

특히 다음과 같은 상황에서 큰 도움이 된다. 매출, 인사, 프로젝트 등 실무 데이터를 정리해야 할 때, 보고서를 작성하기 위해 합계나 평균 등 자동 계산이 적용된 엑셀 파일이 필요할 때, 기존 데이터를 가공해 더 직관적인 분석이 가능하도록 구성하고 싶을 때, 그리고 여러 항목의 데이터를 신속하게 정리해 파일로 저장해야 할 때 활용하면 좋다.

사용 방법 역시 간단하다. 원하는 데이터 형식이나 목적을 설명하면 챗봇이 자동으로 스프레드시트를 생성해주며 항목 추가, 계산 기능 적용, 특정 기준에 따른 정렬 등도 요청에 따라 바로 반영된다. 또한 완성된 자료는 엑셀이나 CSV 파일 형식으로 내보내기를 지원하여 실무에 바로 사용할 수 있다.

복잡한 수작업 없이 데이터 입력, 정리, 계산, 저장까지 한 번에 해결할 수 있는 'Spreadsheet Maker'는 데이터 작업의 부담을 줄이고 업무의 정확성과 효율성을 높여준다. 반복되는 데이터 정리가 지겹고 시간이 아깝게 느껴졌다면, 이제 이 챗봇을 활용해 더 똑똑하고 편리하게 일해보자.

Spreadsheet Maker 사용 방법

❶ [GPT 탐색]을 클릭한 후 GPTs 검색창에 'Spreadsheet Maker'를 입력하고 실행한다.

❷ 필요한 정보나 생성하고자 하는 데이터를 입력한다. 스프레드시트 형태로 정리하고 싶은 내용이면 무엇이든 입력 가능하다.

 Spreadsheet Maker 프롬프트 입력 예시

1980년부터 현재까지 매년 대한민국 총인구수, 서울, 부산, 대전, 광주, 제주, 인천 지역의 인구 변화와 증감 수치를 정리하고 작성이 끝나면 스프레드시트로 다운로드해줘.

❸ 스프레드시트 메이커는 입력된 정보를 바탕으로 웹 검색을 통해 관련 데이터를 수집한다. 수집이 완료되면 챗봇이 자동으로 GPT 빌더의 Action 기능을 활용해 스프레드시트를 생성할 준비를 하고, 곧바로 표를 작성하기 시작한다.

❹ 스프레드시트 작성이 완료되면 링크 형태로 결과물을 제공한다. 이 링크를 클릭하면 요청한 데이터가 깔끔하게 정리된 스프레드시트를 즉시 확인할 수 있다.

관련 데이터를 정리하고 다운로드 링크를 공유하는 Spreadsheet Maker

1980년부터 2025년까지 대한민국의 총인구와 서울, 부산, 대전, 광주, 제주, 인천 지역의 인구 변화 및 연간 증감 추이를 정리한 스프레드시트를 준비했습니다. 아래 링크를 통해 다운로드하실 수 있습니다.

스프레드시트 다운로드

참고: 2025년 데이터는 추정치이며, 일부 연도의 데이터는 공개된 통계 자료의 제한으로 인해 포함되지 않았을 수 있습니다.

출처: *KOSIS 국가통계포털, e-나라지표, 주민등록 인구통계*

이 스프레드시트에는 각 연도별로 총인구와 해당 지역들의 인구 수, 그리고 전년 대비 증감 수치가 포함되어 있습니다. 추가적인 분석이나 특정 연도에 대한 자세한 정보가 필요하시면 알려주세요.

출처

Spreadsheet Maker가 정리한 대한민국 인구 변화 스프레드시트

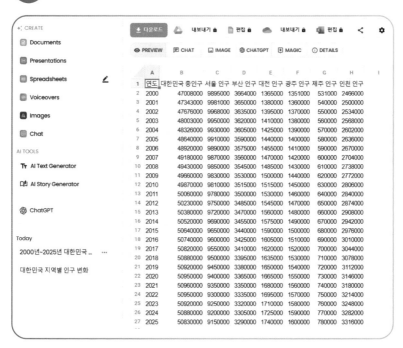

이처럼 사용자가 단순히 주제만 입력해주면, 스프레드시트 메이커가 자동으로 관련 데이터를 찾고 정리해 스프레드시트 형태로 완성해주기 때문에 매우 편리하게 활용할 수 있다.

YouTube Video Summarizer GPTs: 긴 영상 요약 작업

유튜브에는 정말 다양한 정보가 담긴 영상들이 무수히 올라오고 있다. 하지만 그 모든 영상을 처음부터 끝까지 일일이 시청하기란 현실적으로 어려운 일이다. 특히 강의, 뉴스, 인터뷰, 다큐멘터리처럼 정보 전달이 중심인 콘텐트일수록 전부 시청하기보다 핵심만 빠르게 파악하고 싶을 때가 많다.

이럴 때, AI를 활용하면 큰 도움이 된다. 생성형 AI 도구를 활용하면 영상 전체를 보지 않고도 주요 내용을 요약 정리하거나, 필요한 부분만 골라서 볼 수 있기 때문이다. 단순히 시간을 절약하는 것을 넘어, 영상 속 정보에 보다 집중할 수 있도록 도와주는 도구가 되어주는 것이다.

YouTube Video Summarizer

작성자: Tarsense Technologies Pvt. Ltd. 🌐

Provides concise, easy-to-read video summaries.

YouTube Video Summarizer 소개

'YouTube Video Summarizer'는 영상을 일일이 시청하지 않고도 핵심 내용을 간결하게 파악할 수 있도록 돕는 효율적인 챗봇이다. 이 챗봇은 유튜브 영상을 분석한 뒤 불필요한 부분은 제거하고, 중요한 정보만을 추려 문맥에 맞게 정리해 제공한다. 덕분에 사용자는 짧은 시간 안에 주요 내용을 이해하고, 보다 스마트하게 정보를 활용할 수 있다.

이 챗봇은 다음과 같은 상황에서 특히 유용하다. 첫째, 공부나 업무에 참고할 영상을 빠르게 정리하고자 할 때. 둘째, 회의나 발표 준비를 위해 영상의 주요 내용만 추려야 할 때. 셋째, 관심 있는 주제를 다룬 영상을 제한된 시간 내에 효율적으로 파악하고자 할 때. 이런 경우에 적절히 활용한다면 시간을 정말 효율적으로 쓰는 데 도움이 된다.

사용법도 간단하다. 유튜브 링크를 입력하면 자동으로 요약된 내용을 제공받을 수 있다. 별도의 설정이나 추가 작업 없이 바로 이용이 가능하며, 단순 요약이 아니라 흐름을 고려한 정돈된 결과를 제공하므로 읽기에도 편하고 이해하기도 쉽다. 정보의 양은 많고 시간은 부족한 요즘,

'YouTube Video Summarizer'는 꼭 필요한 정보를 빠르게 파악하는 데 큰 도움이 되는 도구다.

YouTube Video Summarizer 사용 방법

❶ [GPT 탐색]을 클릭한 뒤, GPTs 검색창에 'YouTube Video Summarizer'를 입력해 실행한다.

❷ 요약하고 싶은 유튜브 영상의 링크를 준비한 뒤, 해당 URL을 복사하여 챗봇 대화창에 붙여넣는다.

✦ 젠슨 황 엔비디아 CEO의 기조연설 영상

✦ YouTube Video Summarizer 프롬프트 입력 예시

> https://youtu.be/iuvvmYbp4H0?si=bStzixaNF24Irnos
> 위 영상은 젠슨황 CEO의 2025 CES 기조연설 내용이야. 주요한 내용을 정리해서 A4 3장 분량의 CEO 보고를 위한 보고서 초안을 작성해줘.

❸ 링크를 입력하면 챗봇이 자동으로 영상을 분석하고 주요 내용을 정리해준다. 이때 영상의 특성에 따라 요약 방식이 달라질 수 있다. 예를 들어, 강의나 뉴스 영상은 핵

심 개념과 주요 이슈 중심으로, 인터뷰 영상은 주요 질문과 답변의 요지를 중심으로 요약된다.

❹ 요약 결과를 확인한 후, 필요에 따라 추가 요청도 가능하다. "더 짧게 요약해줘", "이 부분을 더 자세히 알려줘"와 같이 요청하면 챗봇이 해당 지시에 맞춰 내용을 다시 정리해준다.

 요약정리 후 보고서 형식으로 작성한 YouTube Video Summarizer

✦ 발표 흐름 및 PPT 기본 구조

1. 표지 (1장)
- 제목: "생성형 AI와 대학 교육: 기회와 도전"
- 부제(선택): "교수자의 강의 준비 및 자료 제작을 중심으로"
- 발표자 이름, 소속

2. 개요 및 문제 제기 (1~2장)
- 생성형 AI란? (ChatGPT, Claude, Gemini 등 주요 예시)
- 대학 교육에서 AI 도입이 왜 중요한가?
- 생성형 AI 활용이 증가하는 배경

3. 생성형 AI가 대학 교육에 미치는 영향 (2~3장)
- 긍정적인 변화
  - 학습 보조 역할 (자동 요약, 개념 설명, 피드백 제공)
  - 개별 맞춤형 교육 가능성 (학생 수준에 맞춘 자료 제공)
  - 학습 접근성 향상 (언어 장벽 해소, 장애 지원)
- 우려 및 도전 과제
  - 학습 윤리 문제 (표절, 부정행위 증가 가능성)
  - 비판적 사고 능력 저하 우려
  - AI 콘텐츠의 신뢰성 문제 (잘못된 정보 생성 가능성)

☺ 디자인 및 레이아웃 팁

1. 배경: 대학 교육과 기술을 연관 짓는 심플한 디자인 (예: 미래지향적인 블루톤)
2. 폰트: 가독성이 좋은 "나눔고딕" 또는 "맑은 고딕" 사용
3. 이미지 및 아이콘 활용: 생성형 AI 개념을 시각적으로 표현하는 아이콘 또는 다이어그램 삽입
4. 애니메이션 최소화: 핵심 내용을 강조하는 정도로 제한

▨ 다음 단계
- PPT 초안을 직접 만들어볼까요?
- 특정 부분을 더 강조하고 싶거나, 원하는 스타일이 있으면 알려주세요! ☺

좋아 다음단계 진행하자

좋아요! ☺ 이제 PPT 초안을 직접 구성해볼게요.

요약된 내용은 문서 작성, 보고서, 발표 자료 등 다양한 방식으로 활용할 수 있다. 특히 시청 시간이 부족하거나 영상 내 중요한 정보만 빠르게 파악하고 싶을 때 유튜브 영상 요약 챗봇은 매우 효율적인 도구가 된다.

AI PDF Drive GPTs:
문서 작업 한 번에 해결

문서를 관리하고 정보를 찾는 일은 많은 시간과 노력을 요구하는 작업이다. 특히 PDF, TXT, CSV, 엑셀과 같은 다양한 포맷의 문서를 다룰 때는 요약, 검색, 정리 등의 작업이 반복되며 업무 부담이 커지게 된다. 이럴 때 유용하게 활용할 수 있는 도구가 바로 AI PDF Drive GPTs다. 이 챗봇은 사용자가 업로드한 파일을 자동으로 분석하고, 중요한 내용을 요약하거나 필요한 정보를 빠르게 찾아주는 기능을 갖춘 스마트한 문서 관리 AI 어시스턴트다.

'AI PDF Drive'는 문서의 구조를 이해하고 주요 내용을 정리한 뒤, 사용자의 요청에 따라 핵심 요점만 추출하거나 특정 주제에 대한 정보를 정리해준다. 복잡한 문서도 간결하고 이해하기 쉬운 형태로 재구성할 수 있으며, 필요한 경우 텍스트를 특정 항목별로 구분하거나, 문서 내 연관성 있는 데이터들을 연결해 시각화할 수도 있다. 업무 중 자주 반복되는 문서 정리와 검색 과정을 AI가 대신 처리하여 사용자는 보다 중요한 분석과 판단에 집중할 수 있게 된다.

AI PDF Drive: Chat, Create, Organize

작성자 myaidrive.com ⊕ in +1

The ultimate document assistant. Upload and chat with all your files, create polished PDFs (presentations, reports, resumes, letters) right from the GPT. *Use o1 models with files with a Pro account!* Supports PDFs, CSVs, TXT, Markdown, and Excel with a free AI Drive account.

AI PDF Drive 소개

'AI PDF Drive'는 단순한 문서 뷰어를 넘어, 실제 문서 기반 업무를 자동화하고 지원하는 고도화된 도구다. 이 챗봇은 PDF를 비롯한 다양한 문서 형식에서 원하는 정보를 빠르게 찾아 요약해줄 뿐 아니라, 그 정보를 기반으로 보고서 작성이나 프레젠테이션 제작까지 도와준다. 문서 간의 비교, 구조화된 데이터 정리, 파일 형식 변환까지 아우르는 폭넓은 기능을 갖추고 있어, 실무에서도 유용하게 활용할 수 있다.

이 챗봇은 특히 다음과 같은 상황에서 그 효과를 발휘한다. 첫째, 긴 문서를 일일이 읽지 않고도 핵심 내용을 빠르게 파악해야 할 때 요약 기능을 통해 빠른 정보 접근이 가능하다. 둘째, 보고서, 슬라이드, 이력서 등 문서 기반 결과물을 생성해야 할 때 간단한 입력만으로 원하는 형식의 문서를 자동으로 생성해준다. 셋째, 법률 문서나 논문, 기술 보고서처럼 복잡한 전문 문서의 핵심을 추출하고 분석해야 하는 경우에도 상당히 유용하다.

또한 OCR(Optical Character Recognition, 텍스트 이미지를 기계가 읽을 수 있는 텍스트 포맷으로 변환하는 과정) 기능을 탑재하고 있어 스캔된 이미지 형태의 문서에서도 텍스트 검색이 가능하며, CSV나 엑셀로의 변환과 같은 데이터 가공 작업도 지원한다. 저장한 파일은 클라우드에 안전하게 보관할 수 있으며, 언제든지 AI와의 연속적인 문서 작업이 가능하다. 업무의 속도와 정확도를 동시에 높이고 싶은 이들에게, 'AI PDF Drive'는 문서 기반 생산성을 극대화할 수 있는 강력한 파트너가 될 것이다.

AI PDF Drive 사용 방법

❶ [GPT 탐색]을 클릭한 후 GPTs 검색창에 'AI PDF Drive'를 입력해 실행한다.

❷ PDF, TXT, 엑셀 등 다양한 형식의 파일을 업로드하면 AI가 문서 분석을 준비한다. 문서가 업로드되면 요약, 검색, 변환 등의 기능을 자유롭게 활용할 수 있다. 긴 문서를 빠르게 파악하고 싶다면 요약 기능을 사용하여 핵심 내용을 추출할 수 있으며, 특정 정보를 찾고 싶을 경우 키워드를 입력하면 해당 내용을 포함한 페이지와 함께 정확한 정보를 제공받을 수 있다.

AI PDF Drive 프롬프트 입력 예시

📄 ChatGPT for Research and Publicati... ❌
PDF

📄 Large Language Models are Zero-Sh... ❌
PDF

다음은 프롬프트 엔지니어링에 관한 논문이야, 이 문서의 주요 내용을 3~5개의 요점으로 요약해줘. ✏️ 이제 막 ChatGPT를 사용해보려는 초보자들에게 나갈 안내 가이드북을 제작중 이어서, 최대한 쉬운 단어를 사용해서 줄글 형태로 작성해줘

➕ 🔼

❸ 문서 분석이 완료된 후에는 세부적인 수정을 요청할 수 있고, 필요에 따라 추가적인 정보를 반영해 문서의 완성도를 높일 수 있다. 최종 문서가 완성되면 다운로드를 요청하여 파일 형태로 저장할 수 있다.

 가이드북 형태로 깔끔하게 작성해준 AI PDF Drive

프롬프트 엔지니어링이란?

프롬프트 엔지니어링은 AI가 더 정확하고 유용한 답을 제공하도록 질문을 설계하는 기술입니다. 예를 들어, 단순히 "이 문제를 풀어줘"라고 요청하는 것보다 "이 문제를 단계별로 차근차근 생각해보자"라고 하면 AI가 논리적인 답을 제시할 가능성이 높아집니다. 같은 질문이라도 어떻게 표현하는냐에 따라 AI의 반응이 달라지므로, 원하는 답을 얻으려면 질문을 신중하게 구성하는 것이 중요합니다.

질문 방식에 따라 AI의 답변이 달라진다

같은 질문이라도 프롬프트를 어떻게 작성하느냐에 따라 AI의 반응이 크게 달라질 수 있습니다. 예를 들어:
- "이 문장을 영어로 번역해줘." → 간단한 번역 제공
- "이 문장을 자연스럽고 고급스럽게 영어로 번역해줘." → 더 세련된 번역 제공
- "이 문장을 미국 비즈니스 환경에서 사용할 수 있도록 자연스럽게 영어로 번역해줘." → 문맥에 맞춘 번역 제공

이처럼 프롬프트의 작은 변화만으로도 AI가 제공하는 답변의 품질이 달라집니다. 따라서 구체적인 요구사항을 포함하여 질문하는 것이 핵심입니다.

AI는 스스로 생각하지 않는다

많은 사람들이 AI가 스스로 학습하고 정답을 찾아낸다고 생각하지만, 사실 AI는 기존에 학습한 데이터와 입력된 질문을 바탕으로 가장 적절한 답을 예측할 뿐입니다.
즉, AI는 주어진 정보 안에서 최선의 답을 찾으려고 하지만, 질문이 애매하거나 불명확하면 엉뚱한 답을 내놓을 수도 있습니다.
예를 들어, "이 책의 저자가 누구야?"라고 묻는다면, AI는 가장 가능성이 높은 답을 제시하려고 합니다. 하지만 책 제목이 없거나 애매한 표현이 포함되면, 부정확한 답변을 할 가능성이 높습니다. 따라서

프롬프트를 활용하면 복잡한 문제도 해결할 수 있다

프롬프트를 잘 활용하면 단순한 질문뿐만 아니라 복잡한 문제 해결에도 도움을 받을 수 있습니다. 예를 들어, AI에게 수학 문제를 풀어달라고 할 때:
✗ "이 문제를 풀어줘." → 정답만 제공할 가능성이 큼
☑ "이 문제를 단계별로 풀어 과정을 포함해서 설명해줘." → 논리적인 설명과 함께 답을 제공

이러한 방식은 논리적 사고가 필요한 문제에서 매우 효과적이며, AI가 단순히 정답만 주는 것이 아니라 문제 해결 과정까지 보여주도록 유도하는 좋은 방법입니다.

누구나 쉽게 배울 수 있는 기술

프롬프트 엔지니어링은 프로그래밍 지식이 없어도 누구나 쉽게 배울 수 있는 기술입니다. ChatGPT를 사용할 때, 원하는 답을 얻기 위해 질문을 여러 방식으로 바꿔보면서 어떤 표현이 가장 효과적인지 실험해보는 것이 좋은 연습이 될 수 있습니다.

✦ 프롬프트 엔지니어링을 잘 활용하면
✓ 원하는 정보를 더 정확하게 얻을 수 있음
✓ 연구, 학습, 업무 등 다양한 분야에서 AI를 더 효과적으로 활용 가능
✓ AI와의 상호작용이 더 효율적이고 유용해짐

프롬프트 엔지니어링은 단순한 AI 사용법이 아니라, AI를 내 입맛에 맞게 조정하는 강력한 도구입니다. 이 기술을 익히면 ChatGPT뿐만 아니라 다른 AI 서비스도 더욱 스마트하게 활용할 수 있습니다. 이제 여러분도 직접 실험해보면서 프롬프트를 최적화하는 방법을 찾아보세요! 🖋

👍 👎 🖊 🔊 ↻

이 챗봇을 활용하면 반복적이고 번거로운 문서 작업을 효과적으로 줄일 수 있으며, 원하는 정보를 더욱 빠르고 정확하게 찾아낼 수 있다. AI PDF Drive와 함께 문서 작업의 효율성을 획기적으로 높여보자.

CK-12 Flexi GPTs: 수학과 과학을 더 쉽고 재밌게

'CK-12 Flexi'는 단순한 정답 제공을 넘어, 학생의 수준에 맞춰 개념을 쉽게 설명하고 단계별로 문제 해결 과정을 안내한다. 학습자는 이 챗봇과의 대화를 통해 자연스럽게 질문을 던지고, 이에 대한 답변을 받으며 자신만의 학습 속도에 맞춰 지식을 확장해 나갈 수 있다. 예를 들어, 이차방정식의 풀이법이 막힐 경우 단순히 공식을 제시하는 것이 아니라 왜 그런 풀이가 필요한지, 어떤 개념이 선행되어야 하는지를 함께 설명해주는 방식이다.

또한 'CK-12 Flexi'는 CK-12 플랫폼의 다양한 콘텐트와 연동되어 있어, 텍스트 설명 외에도 영상 자료, 그래프, 시뮬레이션 등을 활용한 다채로운 방식으로 학습을 지원한다. 이를 통해 학생들은 추상적인 개념을 시각적으로 이해할 수 있고, 반복 학습을 통해 개념을 더욱 단단히 다질 수 있다.

CK-12 Flexi

작성자: flexi.org 🌐

The world's most powerful math and science AI Tutor for middle and
high school students.

CK-12 Flexi 소개

'CK-12 Flexi'는 학생들이 수학과 과학을 보다 쉽게 이해할 수 있도록
도와준다. 복잡한 개념은 단계별로 나누어 설명하고, 문제 풀이 과정 역
시 차근차근 안내해준다. 또한 실력을 높일 수 있는 도전 과제까지 제공
하여 학습의 깊이를 더할 수 있다. 단순히 정답을 알려주는 것을 넘어, 스
스로 질문하고 답을 찾아가는 과정을 통해 개념을 체득하도록 유도한다.

이 챗봇은 특히 다음과 같은 상황에서 유용하다. 개념 이해가 필요할
때는 복잡한 수학 공식이나 과학 이론을 쉽게 설명해주며, 문제 풀이에
서 막힐 때는 풀이 과정을 단계별로 안내해준다. 시험을 준비할 때는 핵
심 요점을 정리하고 연습 문제와 미니 퀴즈를 통해 효과적인 복습이 가
능하며, 더 깊이 있는 학습을 원할 경우는 개념을 확장하는 도전 문제와
보충 자료도 함께 제공한다.

사용 방법은 간단하다. 배우고 싶은 개념이나 해결하고 싶은 문제를 입
력하면 'CK-12 Flexi'가 맞춤형으로 설명과 도움을 제공한다. 만약 설명이
이해되지 않는다면 추가 질문을 통해 자신의 속도에 맞춰 학습을 계속할
수 있다. 개념 이해, 문제 해결, 시험 준비까지 전 과정을 효과적으로 지원

하며, 학생이 수학과 과학을 더 흥미롭고 체계적으로 배울 수 있도록 돕는다. 이 챗봇은 혼자 공부할 때도 든든한 학습 동반자가 되어준다.

CK-12 Flexi 사용 방법

❶ [GPT 탐색]을 클릭한 뒤, GPTs 검색창에 'CK-12 Flexi'를 입력하여 실행한다.
❷ 배우고 싶은 개념이나 해결하고 싶은 문제를 입력한다. 주제만 간단히 입력해도 되지만, 현재 어떤 부분이 어려운지, 어떤 식으로 설명받고 싶은지 등 간단한 설명을 함께 적으면 더욱 정확하고 맞춤형 답변을 받을 수 있다.

 CK-12 Flexi 프롬프트 입력 예시

> 피타고라스 정리 문제를 풀고 있는데 너무 어려워. 피타고라스 정리를 설명해주고, 피타고라스 정리를 이용해 삼각형의 빗변을 구하는 방법을 알려줘.

❸ CK-12 Flexi는 입력된 질문에 대해 개념 설명과 예제 문제, 그리고 단계별 풀이 과정을 제시한다. 설명이 어렵게 느껴지거나 추가적인 도움이 필요할 경우, 이어서 질문을 하거나 "더 쉽게 설명해줘", "다른 예제도 보여줘"와 같은 요청을 입력하면 된다. 문제 풀이 요청 시에는 단계를 나누어 힌트를 제공하며, 학생이 스스로 생각하고 답을 찾아갈 수 있도록 유도한다.
❹ 학습한 개념이 이해되었거나 문제 풀이가 끝났다면, 복습용 연습 문제나 도전 과제를 요청할 수 있다. 예를 들어, "시험 대비 연습문제 만들어줘" 또는 "이 개념에 대한 퀴즈를 내줘"라고 입력하면, 해당 주제에 맞는 문제들이 자동으로 생성된다.

이처럼 'CK-12 Flexi'는 학습자의 속도와 수준에 맞춰 설명을 반복하고, 다양한 방식으로 개념을 안내해주는 AI 기반의 개인 튜터 역할을 수행한다. 언제든 궁금한 점이 생기면 자유롭게 질문하고, 이해할 때까지 탐구하는 경험을 통해 학습의 자신감을 키워보자.

나만의
GPTs 만들기

앞선 파트에서 타인이 제작한 GPTs를 활용해보았다면, 이번에는 직접 나만의 GPTs를 만들어보자. 이미 만들어진 GPTs는 무료 플랜에서도 자유롭게 사용할 수 있지만, GPT를 새롭게 생성하고 편집하기 위해서는 유료 플랜(Plus 또는 Pro)을 구독해야 한다.

GPT 제작은 생각보다 어렵지 않다. 마치 팀원에게 업무를 지시하듯, 어떤 역할을 맡길 것인지, 어떤 어조와 응답 방식을 원할 것인지 자연어로 설명하면 된다. 사용자는 직관적인 인터페이스를 통해 GPT의 역할을 설계하고, '질문과 답변'의 예시를 추가하거나 외부 링크와 파일을 연동하는 등 다양한 설정을 자유롭게 조정할 수 있다.

이제 여러분만의 목적에 맞는 GPTs를 직접 만들면서, 생성형 AI를 더욱 능동적으로 활용하는 법을 익혀보자. 다음 단계에서는 나만의 GPTs를 만들기 위한 기본 설정부터 하나씩 알아보도록 하겠다.

나만의 GPTs 기본개념 익히기

나만의 GPTs를 만들기 위해서는 GPTs 기능에 대한 기본 개념을 먼저 익혀야 한다. 챗GPT 좌측 사이드바에서 [GPT 탐색]을 클릭한 후, 우측 상단의 [+만들기] 버튼을 누르면 GPT 편집기 화면이 나타난다. 이 화면에서는 챗봇의 이름, 소개, 역할, 대화 예시 등을 설정할 수 있다.

GPT 편집기는 직관적으로 구성되어 있어 간단한 입력만으로도 나만의 맞춤형 챗봇을 만들 수 있다. 이제 본격적으로 각 항목을 어떻게 설정하면 되는지 살펴보자. GPTs를 만들기 위한 GPT 편집기는 크게 두 영역으로 나뉜다.

GPTs 제작을 위한 편집 화면

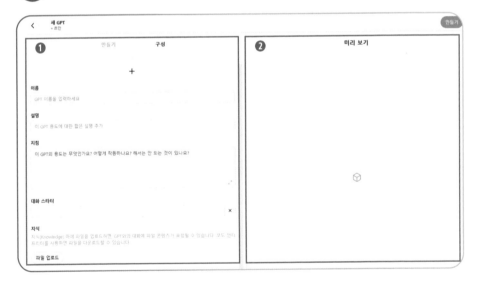

❶ GPTs를 제작하고 세부 설정값을 입력하는 편집 영역

❷ 제작 중인 GPTs를 실시간으로 테스트할 수 있는 미리보기 영역

GPTs 편집 영역

새 GPT
● 초안

❶ 만들기　❷ 구성

GPT 편집기의 왼쪽 편집 영역은 ① [만들기] 탭과 ② [구성] 탭으로 나
뉜다. 만들기 탭에서는 GPT 빌더와 대화하듯 챗봇을 만드는 방식으로,
초안을 빠르게 생성할 수 있는 장점이 있다. 하지만 원하는 방향으로 섬
세하게 작동하게 하려면 [구성] 탭을 활용하는 것이 더욱 효과적이다. 특
히 초보자일수록 명확한 설정값을 직접 입력하면서 챗봇의 역할과 성격
을 구체화하는 방식이 유리하다.

[구성] 탭에서는 GPT가 어떤 역할을 해야 하는지, 어떤 말투와 톤으
로 대화할지, 어떤 지식과 도구를 사용할 수 있는지 등 핵심 정보를 입력
할 수 있다. 이는 챗봇이 사용자의 기대에 부합하는 방식으로 작동하도
록 만드는 핵심 과정이다. 다음 단계에서는 이 구성 탭의 각 항목이 어떤
의미를 가지고 있으며, 어떻게 설정하면 좋은 챗봇을 만들 수 있는지를
구체적으로 알아보자.

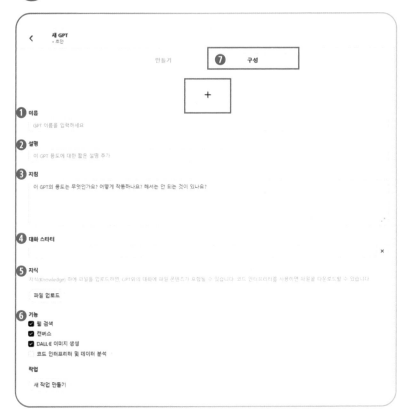

❶ 이름(Name)은 GPT 챗봇의 첫인상을 결정짓는 핵심 요소다. 이 이름은 프로필 이미지 하단에 굵은 글씨로 표시되며, 사용자들이 GPT 스토어에서 챗봇을 검색할 때 가장 먼저 확인하게 되는 정보다. 따라서 단순히 멋있는 이름보다는 챗봇의 기능과 역할을 직관적으로 드러내는 키워드를 포함시키는 것이 검색 노출에 유리하다.

❷ 설명(Description)은 이름 아래에 표시되며, 이 챗봇이 어떤 역할을 수행하는지를 한눈에 알 수 있도록 짧고 명확하게 작성한다. 이 설명 또한 검색 시 노출에 영향을 주기 때문에 키워드를 전략적으로 배치하는 것이 중요하다.

❸ 지침(Instructions)은 챗봇의 작동 방식을 결정짓는 핵심 영역이다. 챗봇이 어떤 말투로, 어떤 지식을 기반으로, 어떤 방식으로 작동해야 하는지를 명확히 정의한다. 이는 마치 챗봇의 행동 매뉴얼이나 운영 로직을 설계하는 것과 같다. 이 지침을 통해 챗봇은 자신이 어떤 역할을 수행해야 하는지를 이해하고, 사용자 요청에 맞춰 일관된 응답을 제공한다.

❹ 대화 스타터(Conversation Starters)는 챗봇 사용자에게 제공되는 예시 질문 버튼으로, 챗봇 사용을 처음 시작하는 이용자에게 대화의 방향을 제시해주는 역할을 한다. 최대 12개까지 입력할 수 있지만 화면에는 4개만 표시되므로 가장 대표적인 예시 질문을 선택해 배치하는 것이 좋다.

❺ 지식(Knowledge)은 챗봇이 보다 정확한 응답을 하기 위해 참조할 수 있는 문서나 파일을 업로드하는 영역이다. 최대 20개의 파일을 업로드할 수 있으며, 각 파일은 최대 512MB, 최대 200만 개의 토큰을 포함할 수 있다. 특정 문서나 데이터 기반으로만 응답하게 하고 싶을 때 유용하게 활용할 수 있으며, AI의 할루시네이션을 줄이는 데 효과적이다.

❻ 기능(Capabilities)은 챗GPT가 제공하는 고급 기능들의 사용 여부를 설정하는 항목이다. 예를 들어 웹 브라우징 기능은 최신 정보를 실시간으로 검색할 수 있게 해주고, 캔버스 기능은 시각적 글쓰기나 구조적 문서 작성에 유용하다. 달리(DALL·E) 기능은 이미지 생성, 코드 인터프리터는 코드 실행 및 데이터 분석 기능을 가능하게 한다. 이들 기능은 챗봇의 활용 영역을 크게 확장시켜주며, 용도에 따라 선택적으로 활성화하면 된다. 기능 항목에서 설정할 수 있는 주요 기능은 다음과 같다.

• 웹 브라우징(Web Browsing) 기능은 챗봇이 인터넷을 실시간으로 검색하여 최신 정보를 수집하고 반영할 수 있도록 한다. 특히 시의성을 요구하는 뉴스, 정책 변화, 가격 정보 등 실시간 데이터가 필요한 경우 매우 유용하다.

• 글쓰기에 특화된 캔버스(Canmore Canvas) 기능은 장문 작성과 편집이 필요한 사용자를 위한 텍스트 작업 공간을 제공한다. 챗봇이 생성한 내용을 문서 형태로 구조화

해주며, 사용자는 이를 실시간으로 수정하거나 보완할 수 있다. 이는 블로그 글, 보고서, 에세이 등 구조화된 문서 작업에 효과적이다.

- DALL·E 이미지 생성(DALL·E Image Generation) 기능은 텍스트 설명을 바탕으로 이미지를 자동 생성해주는 도구다. 사용자가 원하는 스타일, 분위기, 구성 요소 등을 텍스트로 입력하면 AI가 이를 반영하여 시각 자료로 만들어준다. 이는 프레젠테이션, 마케팅 자료, SNS 콘텐트 제작 등 다양한 상황에서 시각적 표현이 필요한 경우 유용하다.

- 코드 인터프리터 및 데이터 분석(Code Interpreter & Data Analysis) 기능은 파이썬 기반 코드를 실행하여 복잡한 계산, 통계 분석, 데이터 가공, 시각화 작업 등을 가능하게 한다. 엑셀 데이터를 불러와 분석하거나, 수식을 자동으로 계산하고, 차트로 시각화하는 등의 실무형 분석 작업에 탁월하다.

❼ 로고 이미지 항목은 내가 만든 챗봇의 개성과 용도를 시각적으로 표현하는 영역이다. 사용자는 챗봇에 어울리는 이미지를 DALL·E 이미지 생성 기능을 통해 직접 제작하거나, 이미 보유하고 있는 로고 이미지 파일을 업로드하여 프로필로 설정할 수 있다. 이 이미지는 챗봇 목록에서 식별성을 높여주고, 사용자의 신뢰감을 형성하는 데 도움이 된다. 특히 외부 공유나 GPT 스토어 등록 시에는 챗봇의 '첫인상'을 좌우하는 요소이기도 하다.

이제 GPTs 제작에 필요한 핵심 기능들을 살펴보았으니, 다음 단계에서는 실제 챗봇을 만들어보는 실습을 통해 이론을 실천으로 옮기는 시간을 갖는다. 내가 어떤 기능을 가진 AI 비서를 필요로 하는지 정의하고, 그에 맞춰 지침을 설정하고 기능을 선택하며, 대화 흐름을 설계해보는 과정이 될 것이다. 이를 통해 단순 사용자가 아닌, GPT 제작자로서의 역량을 키울 수 있게 된다. 맞춤형 챗봇은 개인의 업무, 교육, 생활 전반에서 강력한 디지털 파트너가 될 수 있다.

7분 만에 나만의 GPTs 만들기

GPTs를 활용하면 여러분이 원하는 기능과 성격을 가진 맞춤형 AI 비서를 직접 설계하고 구현할 수 있다. 마치 새로운 팀원을 채용하고 교육하듯, AI 비서에게 역할과 임무를 부여하고, 필요한 도구와 환경을 설정해 실전 업무에 투입할 수 있다. 복잡한 코딩 없이도 챗봇을 만들 수 있도록 설계된 GPTs 제작 기능은 초보자도 쉽게 접근할 수 있는 것이 강점이다.

사용자는 챗봇의 이름, 설명, 지침을 간단히 입력하고, 대화 스타터와 파일 업로드, 기능 설정을 통해 원하는 스타일의 챗봇을 구성할 수 있다. 단순한 설정만으로도 유용한 도우미 챗봇을 만들 수 있으며, 이후 필요에 따라 구성 요소를 추가로 수정하거나 업그레이드해 나가면 된다.

이 챗봇은 단순한 텍스트 응답기가 아닌, 업무를 함께 수행하고, 정보를 분석하며, 상황에 맞는 제안을 해주는 '디지털 동료'의 역할을 하게될 것이다. 지금 바로 나만의 GPTs를 만들어 AI와 함께 일하는 새로운 업무 방식을 경험해보자.

나만의 GPTs 만들기 메인 화면

❶ [+ 만들기]를 클릭하면 GPT 빌더가 실행된다.

❷ [내 GPT]에는 내가 만든 GPT가 저장된다. 필요할 때마다 불러와 수정하거나 다른 사람과 공유할 수 있다. 저장된 챗봇은 이름, 지침, 기능 설정 등을 언제든지 업데이트할 수 있기 때문에, 지속적인 개선과 활용이 가능하다.

나만의 GPTs 메인 화면

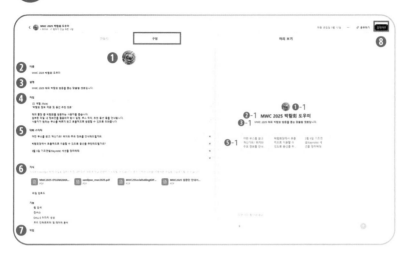

❶ 대표 이미지는 언제든지 변경할 수 있다. 설정 화면의 상단 1-1)에 위치하며, 챗봇의 성격에 어울리는 이미지로 교체가 가능하다. 직접 업로드하거나 DALL·E를 통해 생성할 수도 있다.

❷ 이름(GPT Name)은 챗봇의 대표 명칭으로, 2-1) 위치에 표시된다. 이름은 GPT 스토어 검색에 노출되는 핵심 키워드이기 때문에 어떤 역할을 하는 챗봇인지 명확히 드러나는 단어로 설정하는 것이 중요하다.

❸ 설명(Description)은 챗봇 이름 바로 아래 표시되며, 사용자가 챗봇의 기능과 목적을 한눈에 이해할 수 있도록 간단명료하게 작성해야 한다. 설명에 포함된 키워드 역시 검색 결과에 영향을 미치므로 전략적으로 구성하는 것이 좋다.

❹ 지침(Instructions)은 챗봇의 동작 방식을 세밀하게 설정하는 가장 중요한 항목이다. 어떤 질문에 어떻게 응답할 것인지, 어떤 어조와 표현 방식을 사용할지, 사용자의 목적에 어떻게 부합할 것인지에 대한 구체적인 지침을 기술하는 공간이다. 이 항목은 챗봇의 퀄리티와 직접적으로 연결되므로, 가능한 상세하고 일관성 있게 작성해야 한다.

GPTs 프롬프트 도우미: 챗봇 마스터

챗봇 제작의 성패는 결국 이 지침 항목의 완성도에 달려 있다고 해도 과언이 아니다. 따라서 지침 작성이 어려울 경우 필자가 만든 '챗봇 마스터(Master Builder)' 도구를 활용하면 구조적인 접근과 예시 기반 설정을 통해 완성도 높은 챗봇을 구축할 수 있다.

챗봇 지침을 잘 만들기 위해 제작한 챗봇 마스터

'챗봇 마스터'에 접속한 후, 만들고자 하는 챗봇의 목적이나 기능을 설명하고 엔터를 누르면 해당 GPT에 적합한 지침 명령문이 자동으로 생성된다. 생성된 명령문은 그대로 지침 항목에 복사해 붙여넣으면 된다.

❺ 대화 시작 질문(Conversations starters)은 프롬프트 입력 창 바로 위에 버튼 형태로 노출되며, 사용자가 챗봇과의 대화를 어떻게 시작할지에 대한 예시를 제공하는 항목이다. 이 항목은 5-1)에 위치하며, PC에서는 최대 4개, 모바일에서는 최대 2개까지 화면에 표시된다. 필요에 따라 개수를 조절할 수 있으며, 대표적인 질문들을 설정해두면 사용자에게 직관적인 첫인상을 줄 수 있다.

❻ 지식 업로드(Knowledge)는 사용자가 보유한 문서나 자료를 GPT에 업로드할 수 있는 기능이다. 이 영역에 PDF, TXT, CSV, DOC 등의 파일을 추가하면 챗봇이 해당 정보를 기반으로 답변을 생성하게 된다. 이는 동일한 주제를 다루는 기존 GPT와의 차별화를 가능하게 하는 핵심 기능으로, 특히 특정 분야나 내부 지식에 기반한 챗봇을 만들고자 할 때 매우 효과적이다.

❼ 내장 기능(Capabilities)은 챗GPT의 내장 기능 중 어떤 기능을 활성화할지를 결정하는 항목이다. 보통 '웹 검색'과 'DALL·E 이미지 생성' 기능 활성화를 추천한다.

• 웹 검색: 실시간 인터넷 검색을 통해 최신 정보를 반영할 수 있도록 돕는다.

• DALL·E 이미지 생성: 텍스트 기반 설명을 바탕으로 이미지를 생성하는 기능이다.

• 코드 인터프리터: 파이썬 코드를 실행하여 복잡한 계산과 데이터 분석 작업을 수행하는 기능으로, 통계 처리나 수치 분석이 필요한 상황에 적합하다.

❽ API 연동(Actions)은 외부 서비스를 GPT에 연결하여 특정한 기능을 자동으로 수행하게 만드는 설정이다. 이를 통해 더욱 정교하고 다양한 기능을 가진 챗봇을 구현할 수 있다. 예를 들어, 외부 데이터베이스와의 연동, 실시간 예약 시스템, 자동 이메일 발송 등 맞춤형 자동화 기능을 포함할 수 있다.

이후 저장 및 공유 설정(save)으로 챗봇의 접근 권한을 설정할 수 있다.

• Only me: 생성자 본인만 접근 및 사용할 수 있다.

• Only people with a link: 해당 링크를 가진 사용자만 접근 가능하다.

• Public: 전체 공개 상태로 누구나 검색하고 사용할 수 있다.

마지막으로 승인(Confirm)을 클릭하면, 세상에 단 하나뿐인 나만의 GPTs가 탄생하게 된다. 단순한 실험용 도구를 넘어, 실제 업무에 활용할 수 있는 강력한 디지털 파트너로 자리 잡을 수 있다.

사례: GPTs로 비즈니스 출장의 혁신, 실시간 박람회 안내

필자가 자문으로 있는 한 기업의 대표는 최근 스페인에서 열리는 박람회에 참석하게 되면서 흥미로운 요청을 해왔다. 매번 박람회장 위치를 검색하거나 주요 세미나, 기조연설 일정을 일일이 찾아보는 과정이 번거롭고, 때로는 중요한 일정을 놓치기도 한다며 이를 해결할 수 있는 전용 챗봇이 있으면 좋겠다는 의견을 전했다.

이 요청을 듣고 곧바로 맞춤형 박람회 안내 챗봇을 제작했다. 챗봇에는 박람회장 위치, 주요 세미나 일정, 기조연설 시간은 물론이고 주변 식당 정보까지 포함시켰다. 덕분에 대표는 현지에서 손쉽게 일정을 관리할 수 있었고, 행사 전반을 훨씬 효율적으로 운영할 수 있었다.

귀국 후 대표는 이번 경험에 매우 만족했다. 해외 출장을 갈 때마다 이런 전용 챗봇을 만들어서 활용해야겠다는 생각이 들었다며, 직접 제작 방법까지 문의했다. 내가 그 과정을 설명하자 의외로 간단하다는 반응과 함께 대표는 빠르게 제작법을 익혔다.

박람회 안내를 위한 전용 GPTs

MWC 2025 박람회 도우미

작성자 전유미 &

MWC 2025 해외 박람회 방문을 돕는 맞춤형 챗봇입니다.

| 어떤 부스를 찾고
계신가요? 위치와
주요 정보를 안내... | 박람회장에서 효율
적으로 이동할 수
있도록 동선을 추... | 3월 6일 기조연
설(Keynote) 세
션을 정리해줘 |

무엇이든 물어보세요

+

현재 대표는 해외 박람회뿐 아니라 국내 세미나와 같은 행사에서도 직접 맞춤형 안내 챗봇을 만들어 활용하고 있다. 행사장 지도, 발표자 정보, 세션 일정, 네트워킹 이벤트까지 모두 하나의 챗봇에 담아두고, 언제든지 필요한 정보를 간편하게 조회하고 있다.

이처럼 AI 챗봇은 단순한 질문에 답하는 도구를 넘어, 특정 목적에 맞춰 정보를 정리하고 제공하는 전용 비서로서도 충분히 활용할 수 있다. 만약 반복적으로 확인해야 하는 정보가 있다면, 그에 특화된 챗봇을 직접 만들어 사용하는 것도 좋은 방법이 될 것이다. 시간을 절약하고 정보 접근성을 높이면서도 업무 효율은 한층 더 향상시킬 수 있다.

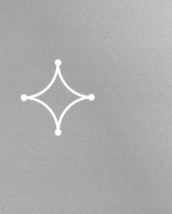

6장

AI 전략 포트폴리오: 성공하는 구독 전략

AI 구독:
삶의 패러다임 전환

"처음에는 그저 호기심에서 시작했습니다. 월 구독료 2만 원이면 크게 부담되지 않는다고 생각했기 때문이죠. 하지만 이제 업무의 절반 이상을 AI와 함께하고 있습니다. 구독을 해지한다는 건 상상조차 할 수 없습니다. 마치 스마트폰을 버리고 피처폰으로 되돌아가자는 말처럼 느껴지기 때문입니다."

한 대형 광고회사에서 10년째 크리에이티브 디렉터로 일하고 있는 수강생의 이야기다. 그는 2023년 말부터 여러 AI 서비스를 구독해 사용하기 시작했다. 처음에는 단순히 텍스트 생성이나 이미지 편집 정도에 활용했지만, 지금은 기획안 작성, 레퍼런스 조사, 클라이언트 미팅 준비, 광고 카피 작성까지, 그의 업무 전반에서 생성형 AI는 든든한 파트너가 되었다.

이 사례는 더 이상 특별한 이야기가 아니다. 2025년, 한국의 직장인

73%가 하나 이상의 AI 서비스를 구독하고 있다. 특히 MZ세대는 평균 7.3개의 AI 관련 구독 서비스를 이용 중이다. 이제 AI 구독은 선택이 아닌 필수로 자리 잡아가고 있다는 것을 데이터가 말해주고 있다.

그럼에도 불구하고 여전히 많은 이들이 질문을 던진다. "정말 AI 구독이 꼭 필요할까?", "어떤 서비스를 써야 할까?", "구독료만큼의 가치가 있을까?" 이러한 고민은 지극히 자연스럽다. 새로운 기술이 도입되는 과정에서 불확실성과 의문은 항상 따라오기 마련이다. 그러나 더 본질적인 질문은 이것이다. AI 구독 시대에 어떻게 개인과 기업이 성공적으로 적응하고 번영할 수 있을까?

이 장에서는 바로 그 해답을 찾아 나선다. AI 구독의 시작부터 효과적인 포트폴리오 설계, 리더를 위한 관리 전략, 미래 직업 시장에서의 경쟁력 확보, 그리고 변화하는 일상까지… AI 구독 시대를 성공적으로 살아가는 데 필요한 핵심 전략을 제시할 것이다.

특히 주목해야 할 점은, AI 구독이 단순히 하나의 기술을 사용하는 것이 아니라는 사실이다. 이는 우리가 일하고 배우고 살아가는 방식을 근본적으로 바꾸는 전환점이다. 마치 스마트폰이 우리의 일상을 완전히 뒤바꾼 것처럼, AI 구독 또한 삶의 방식 전체를 바꿔놓는 새로운 패러다임이 될 것이다.

생존을 위한 필수품이 되어버린 AI 구독, 어떻게 하면 이를 경쟁력으로 전환할 수 있을까? 이제 그 해답을 함께 찾아 나설 시간이다.

AI, 아직도
안 쓰고 계신가요?

"처음엔 그냥 버티면 되겠다고 생각했어요. 새로운 걸 배우는 게 번거롭기도 했고요. 그런데 단 3개월 만에 제 생각이 완전히 바뀌었죠. 팀 회의 시간에 다른 직원들이 AI로 작성한 보고서와 제가 직접 수작업으로 만든 보고서를 비교해보니, 퀄리티 차이가 확연했어요. 결정적인 순간은 따로 있었죠. 이틀 동안 밤새 준비한 제 발표 자료보다, AI를 능숙하게 활용하는 신입 직원이 단 2시간 만에 만든 자료가 훨씬 완성도 있었을 때였습니다. 그 순간 깨달았어요. 이대로는 도태될 수밖에 없겠구나."

중견 제조업체에서 근무 중인 40대 직장인의 고백이다. 이제 그녀는 AI 구독 서비스의 열렬한 지지자다. AI를 본격적으로 도입한 지 6개월 만에 업무 처리 속도는 무려 3배 이상 빨라졌고, 결과물의 품질 역시 눈에 띄게 향상됐다.

이러한 변화는 더 이상 개인의 변화에 그치지 않는다. 한국마이크로

소프트의 '2024 업무동향지표'에 따르면, 조직 리더의 79%가 "AI 도입은 경쟁력을 유지하기 위한 필수 요소"라고 답했다. 더 주목할 만한 점은, 리더의 71%가 "경력보다 AI 역량을 갖춘 지원자를 선호한다"고 응답했다는 사실이다.

이제 AI 활용 능력은 선택이 아니라 필수 역량이 되고 있다.

안 쓰는 것이 더 큰 리스크

아직도 AI 없이 일하고 있는가? 요즘 직장인들 사이에서는 AI 구독을 활용하는 사람과 그렇지 않은 사람 사이의 격차가 점점 벌어지고 있다. 이제 AI는 단순한 생산성 도구를 넘어, 업무의 방식 자체를 바꾸고 있다. AI 없이 일하고 있다면, 이미 경쟁에서 점점 밀려나고 있을지도 모른다.

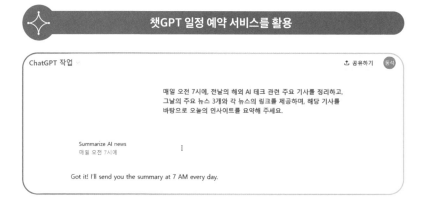

월요일 아침, A씨와 B씨의 하루는 시작부터 전혀 다르게 흘러간다. A씨는 출근 전 챗GPT Task 기능을 통해 전날의 주요 이슈를 뉴스레터 형식으로 받아보고, 간단한 브레인스토밍까지 마친 상태다. 마치 전담 비서를 둔 듯한 이 AI는 A씨의 출근길을 업무 준비 시간으로 바꿔준다.

반면 B씨는 사무실에 도착한 뒤에야 여러 뉴스 사이트를 돌아다니며 업계 소식을 찾아보기 시작한다. 이 과정에서 필요한 정보를 바로 찾기보다는 관련 없는 기사들에 눈길이 머물며 몰입도가 떨어지기 쉽다.

이 차이는 단순한 습관의 차원이 아니다. 시간이 흐를수록 두 사람의 업무 효율성과 성과는 점점 벌어지게 된다. AI를 활용하지 않는다는 것은 단지 새로운 기술을 도입하지 않는 선택이 아니라, 급변하는 업무 환경 속에서 스스로를 뒤처지게 만드는 선택이 될 수 있다.

특히 다음 세 가지 측면에서 AI를 활용하지 않는 것은 분명한 리스크로 작용한다.

첫째, 시간과 기회의 손실이다. AI를 적극적으로 사용하는 사람은 2시간 만에 처리할 수 있는 일을, AI 없이 작업하는 사람은 67시간을 들여야 한다. 하루에 45시간의 손해가 쌓이면, 이는 결국 자기 계발이나 고부가가치 업무에 쓸 수 있는 기회를 잃는 셈이다.

둘째, 결과물의 경쟁력 저하다. AI는 방대한 데이터를 기반으로 인사이트를 제시하고, 다양한 관점에서 아이디어를 제공한다. 이 도움 없이 만들어진 작업물은 자연스럽게 품질에서 뒤처질 수밖에 없다.

셋째, 의사 결정 속도의 차이다. 실시간으로 시장을 분석하고 대안을 제시할 수 있는 AI의 지원이 없다면, 빠르게 변하는 환경에서 민첩하고 정확한 판단을 내리기가 점점 더 어려워질 것이다.

시작이 반이다: AI 구독의 첫걸음

AI 구독이 어렵게 느껴질 수 있지만, 스마트폰을 처음 접했을 때를 떠

올려보면 그리 낯설 일도 아니다. 처음에는 어색하고 복잡하게 느껴지더라도, 기본적인 기능부터 하나씩 익혀나가면 금세 익숙해진다.

시작을 위해 가장 먼저 해야 할 일은 자신의 업무를 세분화해보는 것이다. 그리고 그중 반복적이고 시간이 많이 드는 작업을 찾아내는 것이 핵심이다. 보고서 작성, 데이터 정리, 회의록 작성 중 무엇이 가장 비효율적인가? 그 지점을 AI로 대체하거나 보완할 수 있다면, 그것이 바로 구독형 AI 서비스를 도입할 최적의 출발점이 된다.

이미 앞선 내용에서 다양한 AI 구독 서비스들을 소개했듯이, 중요한 것은 정보를 읽고 넘기는 것이 아니라 실제로 하나씩 체험해보는 것이다. AI는 경험해볼수록 더 많은 가능성을 열어주는 도구이기 때문이다.

단, 처음부터 모든 업무에 AI를 도입하려 하지 않는 것이 좋다. 하나의 업무부터 시작해 점차 확장해나가는 방식이 가장 자연스럽고 효과적이다. AI는 만능이 아니다. 그것을 효과적으로 활용할 수 있는 사람의 의도와 설계가 무엇보다 중요하다. 천천히, 하지만 꾸준하게 시작하는 것이 결국 가장 빠른 길이 될 것이다.

이제 AI 구독은 단순한 기술 트렌드가 아니라 현실적인 생존 전략으로 자리 잡고 있다. AI 없이도 업무는 가능하지만, 효율과 결과물에서 차이가 나기 시작하면 경쟁력의 격차로 이어질 수밖에 없다.

당신은 AI를 활용하고 있는가, 아니면 아직도 익숙한 방식만을 고수하고 있는가? 이제는 "AI를 써야 할까?"가 아니라 "AI를 어떻게 더 잘 쓸 수 있을까?"를 고민할 시점이다. 당신의 경쟁자들은 이미 AI를 통해 더 나은 결과를 만들어가고 있다. 지금이야말로 시작하기 가장 좋은 타이밍이다.

AI 구독 포트폴리오:
설계와 활용

처음에는 이름만 들어도 유명한 AI 서비스들을 무작정 구독했지만, 시간이 지나며 그중에서 실제로 자주 사용하는 건 몇 개 되지 않았다. 디지털 마케팅 에이전시의 팀장 B씨는 구독료가 매달 50만 원을 넘는 상황에서도 대부분의 서비스가 '혹시 몰라' 유지되고 있다는 사실을 깨닫고, 꼭 필요한 도구만 남기며 오히려 업무 효율을 높일 수 있었다고 말한다.

이 사례는 AI 구독의 핵심이 단순한 '갯수'가 아니라, '적합성'에 있다는 것을 보여준다. 나에게 진짜 필요한 도구가 무엇인지를 판단하지 않은 채, 다양한 서비스를 마구 구독하는 것은 비용 낭비일 뿐 아니라 디지털 번아웃을 초래할 수 있다.

2025년 현재, KB국민카드의 분석에 따르면 20대 직장인들은 평균 7.3개의 AI 구독 서비스를 이용하고 있지만, 그중 실제로 일주일에 한 번 이상 활용하는 서비스는 3개~4개에 그친다. 이는 많은 사용자들이 자신의 업무에 맞는 AI 포트폴리오 설계에 실패하고 있다는 방증이기도 하다.

따라서 AI 구독 서비스는 무조건 많이 사용하는 것이 능사가 아니다. 업무 성격에 맞는 도구를 선별하고, 그것들을 유기적으로 연결하는 것이 핵심이다. 예를 들어 문서 작성을 자주 한다면 텍스트 기반 생성형 AI가 우선순위가 될 것이고, 마케팅 관련 업무를 맡고 있다면 이미지나 영상 생성 AI가 필수다. 반면 데이터 분석이 중요한 업무라면 코드 인터프리터 기능이 내장된 AI 도구가 적합하다.

결국 중요한 것은 다음 두 가지다.

① 자신의 업무 흐름을 세밀하게 나누어본다.
② 세분화된 각각의 업무별 적합한 AI 도구를 핵심 축으로 삼아 구독 포트폴리오를 구성한다.

이제는 수많은 도구 중 무엇을 쓸지 고민하기보다, 무엇을 안 써도 되는지를 판단할 수 있는 안목이 필요한 시점이다.

당신을 위한 최적의 AI 구독 포트폴리오

효율적인 AI 구독 포트폴리오는 잘 짜인 투자 포트폴리오와 유사하다. 중심을 잡아주는 핵심 자산이 존재하고, 이를 보완하거나 특정 목적에 맞춰 활용하는 위성 자산과 전술 자산이 조화를 이룰 때 가장 큰 효과를 발휘한다.

코어(Core) AI 서비스

직장인의 AI 포트폴리오에서 가장 기본이 되는 것은 바로 범용 AI 어시스턴트다. 챗GPT, 클로드, 그록, 제미나이 같은 대화형 AI는 문서 작성, 아이디어 도출, 정보 탐색, 데이터 요약과 분석 등 거의 모든 업무 흐름에 기본적으로 사용될 수 있다. 이들은 마치 스마트폰의 운영체제처럼, 다른 도구들과의 연결과 확장을 가능하게 하는 플랫폼 역할을 한다.

여기에 각자의 업종이나 직무 특성에 맞는 전문 도구를 추가하면 시너지가 극대화된다. 예를 들어 디자이너는 미드저니나 DALL·E 3 같은 이미지 생성 AI를, 개발자는 깃허브(GitHub), 코파일럿 같은 코드 보조 도구를 반드시 포함시켜야 한다. 마케터는 콘텐츠 제작과 SNS 분석 기능을 가진 AI 툴을 우선 고려해야 하며, 연구자나 교사는 텍스트 요약 및 논문 구조화를 도와주는 학술 특화형 AI를 핵심 자산으로 삼을 수 있다.

포트폴리오의 핵심은 바로 이 '코어'의 적절한 선택과 조합에 달려 있다. 자주 쓰는 AI, 업무에서 반드시 필요한 AI, 그리고 조직과 역할에 맞는 AI를 중심으로 구성해야 한다. 어떤 AI가 중심이 될지는 결국 사용자 자신의 일과, 작업 방식, 목표에 달려 있다.

이제는 AI 도구가 많아서 선택이 어려운 시대가 아니다. 오히려 AI 도구를 전략적으로 구성하지 않으면 'AI 피로감'이 누적될 수 있다. 필요한 것을 중심으로, 불필요한 도구는 걷어내고, 코어부터 단단히 잡아나가야 한다.

보완(Supplement) AI 서비스

보완 AI 서비스는 코어 서비스에서 부족한 기능을 채워주는 역할을 한다. 예를 들어 회의가 잦은 직무에는 음성 인식과 회의록 자동 작성 기능이 필수다. 이럴 때 유용한 서비스가 바로 네이버 클로바, 릴리스 AI,

다글로 AI 등이다. 음성 기반의 콘텐트를 빠르게 텍스트로 전환하고 요약하는 데 강점을 가진 이 도구들은 문서화 시간을 획기적으로 줄여준다. 데이터 분석을 주요 업무로 하는 직군이라면 고급 통계 분석과 시각화를 지원하는 AI 도구를 보완 서비스로 고려해야 한다.

이러한 보완 서비스의 효용을 극대화하려면 코어 AI와의 연동성이 중요하다. 예를 들어 해외 바이어와의 화상회의 후 녹음된 회의 내용을 음성 요약 AI로 정리하고, 그 결과를 챗GPT로 전송해 요약과 분석을 거친 뒤, 관련 부서에 발송할 메일 초안까지 자동 생성하는 프로세스가 구현된다면, 전체 워크 플로는 훨씬 간소화되고 효율적이 된다.

상황별(Situational) AI 서비스

특정 프로젝트나 시기에만 필요하다. 예를 들어, 국제 협업 프로젝트에서는 전문 번역 AI가, 대규모 설문 결과 분석에는 고급 통계 분석 도구가 필요하다. 이런 서비스는 일회성 또는 단기 프로젝트에 국한되기 때문에, 지속적인 구독보다는 필요시 단기 구독 방식이 비용 효율 측면에서 유리하다.

포트폴리오 최적화의 기술

이러한 AI 구독 포트폴리오를 최적화하기 위해서는 다음 세 가지 원칙을 기억해야 한다.

첫째, 활용도 모니터링이다. 각 서비스의 사용 빈도와 활용도를 주기적으로 점검해야 한다. 자주 사용하지 않는 서비스는 과감하게 정리하고, 자주 활용하는 서비스는 고급 기능까지 숙련되도록 학습하는 것이 효율적이다.

둘째, 비용 대비 효과 분석이 필요하다. 각 서비스가 실제로 얼마나 시간과 비용을 절감해주는지 구체적으로 평가해보자. 예를 들어 회의록 작성 AI가 매주 4시간의 업무 시간을 절약해준다면, 월 2만 원의 구독료는 충분한 가치를 지닌다. 반면 유사한 기능을 가진 서비스를 중복 구독하고 있다면 가장 효율적인 것 하나만 남기는 것이 전략적이다.

셋째, 시너지 효과를 고려해야 한다. 서로 연동되는 도구를 함께 사용하는 것이 장기적으로는 생산성과 효율성을 높인다. 특히 같은 회사에서 제공하는 AI 제품군은 데이터 공유와 연동이 원활한 경우가 많아, 사용자 경험이 부드럽고 통합적인 워크 플로를 설계하는 데 적합하다.

AI 구독 포트폴리오는 단순히 많은 서비스를 사용하는 것이 아니라, 나에게 꼭 필요한 도구를 적절히 조합하고 연결하는 전략적 설계가 핵심이다.

미래를 고려한 포트폴리오 설계

미래를 고려한 포트폴리오 설계는 현재의 필요에만 초점을 맞추지 않는다.

AI 기술은 하루가 다르게 진화하고 있어, 오늘 유용했던 서비스가 내일은 시대에 뒤처질 수 있다. 그렇기 때문에 단기적 필요에만 집중한 포트폴리오는 시간이 지날수록 유효성을 잃게 된다. 중요한 것은 변화에 대응할 수 있는 확장성과 유연성이다.

2025년 AI 구독 시장은 세 가지 방향으로 뚜렷한 발전을 보여주고 있다.

첫째, 서비스 간 통합이 빠르게 진행되고 있다. 개별적으로 작동하던 텍스트 생성, 이미지 편집, 음성 인식 등의 기능이 하나의 플랫폼 안에서 유기적으로 연결되는 형태로 진화하고 있다. 이를 통해 사용자는 더 적은 클릭과 더 적은 시간으로 더 많은 작업을 수행할 수 있다.

둘째, 산업별 특화 서비스의 증가다. 예를 들어 법률, 의료, 교육, 디자인 등 각 분야에 맞춘 전문 AI가 속속 등장하고 있다. 이러한 서비스는 일반적인 AI보다 해당 분야에 최적화된 결과물을 제공하기 때문에, 직무 특성에 따라 미래 활용 가능성을 고려해 미리 시험해보는 것이 좋다.

셋째, 기업의 내부 시스템과 AI 서비스 간의 연동 강화다. CRM, ERP, HR 시스템 등 기존 기업용 소프트웨어와 구독형 AI가 연결되면서, AI가 단순한 도구를 넘어 조직 운영 전반의 핵심 요소로 자리 잡고 있다.

이러한 흐름을 고려할 때, AI 구독 포트폴리오 역시 정적인 구성에 머물러선 안 된다. 새로운 기능이 추가된 도구를 시험해보고, 다른 서비스와의 호환성을 점검하며, 조직 변화나 커리어 방향에 맞춰 포트폴리오를 지속적으로 갱신하는 것이 필요하다.

AI 구독 포트폴리오는 살아 있는 유기체처럼 변화에 적응해야 한다. 그러나 그 진화의 중심에는 언제나 '어떤 업무를 더 효율적으로 잘하기 위한 도구인가'라는 명확한 목적이 있어야 한다. 그 목적이 뚜렷할수록, 포트폴리오는 더 전략적으로 구성될 수 있고, 진정한 경쟁력이 될 수 있다.

리더를 위한
AI 구독 관리법

"처음에는 직원들의 AI 활용을 자율에 맡겼습니다.
하지만 곧 문제가 드러났죠."

국내 IT 기업 전략기획실 H임원이 회상한 이 말은 많은 조직이 AI를 도입하면서 직면하는 현실을 보여준다. 고가의 서비스를 팀원마다 중복 구독하거나, 보안이 검증되지 않은 무료 AI를 사용하는 등 혼란이 커지며 데이터 유출 위험과 구독 비용의 통제 불능 상태에 직면하는 경우가 잦다.

AI가 조직의 핵심 인프라로 자리 잡은 지금, 리더는 단순히 AI 도입 여부를 결정하는 수준을 넘어, 전체 조직의 AI 구독을 전략적으로 관리해야 하는 역할을 맡고 있다. 현대 비즈니스 환경에서 리더에게 요구되는 역량도 변하고 있다. 단순한 디지털 감각을 넘어, AI 리터러시가 새로운 리더십의 핵심으로 부상하고 있다.

국가공무원인재개발원의 연구에 따르면, 고위 관리자층의 AI 이해 부족은 디지털 전환을 저해하는 가장 큰 요인 중 하나로 지목된다. 리더는 이제 AI를 만능 해결사로 착각하기보다, 각 도구의 기능과 한계를 정확히 파악하고, 어떤 업무에 어떤 AI가 적합한지 판단할 수 있어야 한다. 동시에 데이터 기반 의사 결정의 문화를 조직 내에 정착시키고, AI 활용에 따른 윤리적 기준과 책임 소재를 명확히 해야 할 필요도 있다.

SKT의 사례는 AI 구독 관리에 있어 모범적인 접근을 보여준다. 이들은 단순히 AI 도구를 제공하는 데 그치지 않고, 전사적으로 AI 리터러시 교육 프로그램을 운영하며, 도입에서 활용, 성과 평가까지 전 과정을 표준화된 체계로 관리하고 있다. 이러한 체계적 접근이 조직 전체의 AI 전환 성공을 이끌고 있는 것이다.

조직의 AI 전환은 하루아침에 이루어지지 않는다. 이는 마치 거대한 선박의 방향을 바꾸는 것과 같으며, 리더의 명확한 방향성과 전략이 선행되어야 한다. 우선 경영진이 AI의 본질과 필요성을 깊이 이해하고, 전환의 명확한 목표를 설정해야 한다. 이후 핵심 인력을 중심으로 파일럿 프로젝트를 설계하고 빠른 성공 사례를 확보하는 것이 중요하다. 이 작은 성공이 조직 전체의 확산을 이끄는 동력이 된다.

실행 단계에서는 부서별 업무 특성을 반영한 AI 구독 포트폴리오를 구성하고, 직원들의 역량을 체계적으로 강화해나가야 한다. 특히 다른 팀의 성공 사례를 적극적으로 공유해 조직 내 전환 분위기를 확산시키는 전략이 유효하다.

그러나 이 과정에서 리더가 반드시 챙겨야 할 요소는 데이터 보안과 구독 비용의 관리다. AI 서비스 사용이 늘어날수록 외부 시스템과의 연동이 늘고, 그만큼 정보 유출 가능성도 커진다. 리더는 승인된 서비스 목록을 관리하고, 데이터 접근 권한을 구체적으로 통제해야 한다. 부서별로 구독 예산을 배정하고, 중복되는 구독 서비스나 필요 이상의 기능 사용을 줄이는 것도 필수적인 조치다.

마지막으로 간과해서는 안 될 부분은 AI 윤리와 규정 준수다. AI가 생성하는 결과물에 윤리적 문제가 없는지, 개인정보 보호 등 관련 법규를 지키고 있는지 지속적으로 점검해야 한다. 이를 위해 내부 가이드라인을 정비하고, 정기적인 감사를 실시하는 체계를 갖춰야 한다.

결국, AI 구독 관리의 핵심은 단순한 도구의 배포가 아니라 사람, 시스템, 문화 전반에 걸친 리더십의 전략적 개입이다. 조직이 AI를 진정한 성장 엔진으로 활용하기 위해, 리더의 역할은 그 어느 때보다 중요해지고 있다.

AI 구독 관리에서 가장 중요한 건 결국 '사람'이다. 아무리 뛰어난 도구를 도입해도, 조직 문화가 이를 뒷받침하지 않으면 AI는 그저 비싼 장식일 뿐이다. 리더는 단순한 도입 관리자가 아니라, AI를 자연스럽게 활용할 수 있는 문화를 만드는 혁신가가 되어야 한다.

실패를 두려워하지 않고 시도할 수 있는 환경을 조성하고, 우수 사례를 조직 내에 빠르게 확산시켜야 한다. 또한 구성원들이 AI를 일상 업무의 일부로 받아들일 수 있도록 지속적인 교육과 피드백 시스템을 갖추는 것이 핵심이다. 결국 AI 도입의 성패는 기술보다 사람이 좌우하며, 그 중심에는 리더의 선택과 방향성이 있다.

AI 구독 시대의 조직 문화 혁신

"처음에는 저항이 상당했습니다. 특히 경력이 오래된 직원들은 'AI 때문에 자신의 전문성이 무의미해질 것'이라고 우려했죠. 하지만 우리는 다르게 접근했습니다. AI를 경쟁자가 아닌 동반자로 받아들이도록 문화를 만들어갔어요. 실수를 두려워하지 않고 새로운 시도를 할 수 있는 환경을 조성했더니, 시니어 직원들이 오히려 더 적극적으로 AI를 활용하기 시작했습니다."

유통 대기업의 디지털혁신팀 K상무의 경험은 조직 문화 혁신의 중요성을 잘 보여준다. 그의 팀은 이제 매주 'AI 활용 사례 공유회'를 진행한다. 여기서는 성공 사례뿐만 아니라 실패 경험도 공유하며, 이를 통해 팀원들은 더 나은 AI 활용 방법을 함께 모색한다.

AI 구독 시대, 조직 문화의 혁신은 기술이 아닌 '사람'에서 출발한다. K상무의 경험처럼, 처음엔 거부감이 크더라도 AI를 경쟁자가 아닌 동반자로 인식하는 분위기를 조성하면 변화는 시작된다. 실수를 허용하고, 시도를 장려하며, 성공뿐 아니라 실패도 공유하는 문화가 구성원들의 자발적 참여를 끌어낸다. 특히 경험 많은 직원들이 AI를 활용해 다시 주도권을 잡는 사례는 조직에 큰 시사점을 준다.

리더는 구성원들이 작은 실험을 통해 AI와 친숙해지고, 점진적으로 실무에 녹여낼 수 있도록 유도해야 한다. 이는 AI를 마치 새로 합류한 팀원처럼 이해하는 관점이 필요하다. AI는 데이터를 처리하고 패턴을 찾는데 강점이 있다. 다만 그 결과를 읽고 결정을 내리는 것은 인간의 몫이다.

이런 문화는 제도적인 장치와도 연결된다. A기업처럼 AI를 적극적으로 활용한 직원을 'AI 챔피언'으로 선정하는 프로그램은 금전적 보상보다 동기부여에 효과적이다. 동료의 인정, 경험 공유, 성장을 중심으로 한 문화가 확산되면 조직 전체의 AI 적응 속도도 빨라진다.

무엇보다 리더는 성과의 기준을 다시 설정해야 한다. 단순히 AI 도구를 몇 번 썼는지가 아니라, 이를 통해 업무 프로세스를 어떻게 바꾸고, 어떤 새로운 가치를 창출했는지를 평가하는 방식으로 전환해야 한다.

AI는 리더를 대체하는 존재가 아니라, 리더의 역량을 확장하는 동반자다. 데이터 기반의 판단을 도와주지만, 비전을 제시하고 사람을 이끄는 힘은 여전히 인간에게 있다. 결국, AI 구독 시대의 리더십은 기술과 인간의 조화를 통해 미래를 설계하는 능력에 달려 있다.

미래 직업 시장과
AI 구독 역량

"3년 전만 해도 제 직함은 '콘텐트 마케터'였습니다. 지금은 'AI 크리에이티브 디렉터'예요. 하는 일은 비슷하지만 전혀 다른 세상에서 일하고 있는 것 같아요. 예전에는 콘텐트 하나를 만드는 데 일주일이 걸렸다면, 지금은 하루에 다섯 개의 콘텐트를 만들고 테스트하고 최적화까지 합니다. AI가 없었다면 불가능했겠죠."

소셜 미디어 마케팅 에이전시에서 일하는 J과장의 말은 AI가 직업 세계에 어떤 변화를 일으키고 있는지를 단적으로 보여준다. 이제는 더 이상 'AI가 일자리를 빼앗을 것'이라는 걱정보다는 'AI와 함께 어떻게 일할 것인가'가 중요한 질문이 되고 있다.

KB국민카드의 분석에 따르면, 2024년 생성형 AI 서비스 이용은 전년 대비 약 300% 가까이 증가했다. 특히 눈여겨볼 점은 AI 구독 서비스를 7개 이상 사용하는 20대가 전체의 43%에 달한다는 것이다. 이들은 이미

AI를 자신 능력의 확장으로 받아들이고 있으며, 마치 스마트폰이 신체의 일부처럼 AI도 필수적인 업무 도구로 자리 잡고 있다.

> "처음에는 AI 때문에 일자리를 잃을까 봐 두려웠어요. 하지만 깨달은 게 있습니다. AI는 결국 도구라는 거예요. 망치가 목수의 일자리를 빼앗지 않았듯이, AI도 마찬가지입니다. 다만 이 도구를 얼마나 잘 다루느냐에 따라 엄청난 격차가 생기더군요. 이제는 매달 AI 구독료를 자기 계발비로 생각하고 투자합니다."

10년 차 재무 컨설턴트 K씨의 말처럼, AI는 직업을 없애는 것이 아니라 그 성격을 근본적으로 변화시키고 있다. 이러한 변화 속에서 새롭게 부상하는 핵심 역량이 바로 'AI 구독 역량'이다.

AI 구독 역량은 단순히 도구를 사용할 줄 아는 기술적인 능력을 넘는다. 이는 AI 서비스를 전략적으로 선택하고, 자신의 업무에 효과적으로 통합하며, 지속적으로 발전하는 기술 흐름을 학습하고 응용하는 복합적인 능력이다.

특히 이 역량은 새로운 직무의 등장을 이끌고 있다. 'AI 프롬프트 엔지니어'는 이제 더 이상 생소한 직함이 아니다. 이들은 AI와 효과적인 커뮤니케이션을 설계하고, 최적의 결과를 이끌어내는 전문가들이다. 또한 'AI 큐레이터'라는 직무도 생겨났는데, 이들은 분야별 AI 도구를 평가하고 조직에 적합한 AI 구독 포트폴리오를 구성해 컨설팅하는 역할을 맡고 있다.

"우리 회사는 이제 신입사원 교육에 'AI 리터러시' 과정을 필수로 운영합니다. 특이한 점은 이 교육이 단순한 도구 사용법을 가르치는 것이 아니라는 거예요. AI와 함께 일하는 방법, AI의 결과물을 검증하고 개선하는 방법, 그리고 AI를 통해 새로운 가치를 창출하는 방법을 가르칩니다."

국내 제약회사 인재개발팀 C부장의 설명처럼, 많은 기업들이 AI 구독 역량을 단순한 기술 습득이 아닌 조직 전체의 경쟁력 강화 수단으로 보고 있다. 앞서 말했듯이 한국마이크로소프트의 '2024 업무동향지표'에서도 리더의 71%가 '경력 유무보다 AI 역량을 갖춘 지원자'를 선호한다고 답하고 있다. 이는 곧, AI 구독 역량이 선택이 아닌 필수로 자리 잡고 있다는 것을 다시 한번 보여준다.

그렇다면 우리는 어떻게 AI 구독 역량을 키울 수 있을까?

우선, AI를 두려워하지 말아야 한다. AI는 우리의 자리를 위협하는 존재가 아니라 함께 일할 동반자다. 다음으로 끊임없는 학습이 필요하다. AI 기술은 빠르게 변화하고 있으며, 이에 따라 필요한 역량도 지속적으로 진화하고 있다. 그렇기에 실전 경험이 무엇보다 중요하다. 이론을 이해하는 것도 중요하지만, 실제 업무에서 AI를 적용해보는 경험이 가장 빠른 학습법이 된다.

"요즘은 면접에서 이런 질문을 자주 합니다. '당신이 구독하는 AI 서비스는 무엇이고, 이를 통해 어떤 가치를 만들어내고 있나요?' 단순히 AI를 쓸 줄 아느냐가 아니라, AI를 통해 무엇을 할 수 있느냐가 중요해졌거든요."

컨설팅 기업의 인사담당자는 이렇게 말한다. 이제 AI 구독 역량은 단순한 스펙이 아닌 실질적인 경쟁력이 되고 있다. 우리는 더 이상 AI의 등장을 두려워할 이유가 없다. 오히려 AI는 우리에게 더 큰 가능성과 기회를 열어주고 있다.

우리가 해야 할 일은 이 변화를 기회로 받아들이고, AI 구독 역량을 차근차근 키워가는 것이다. 이것이야말로 AI 시대를 살아가는 개인의 생존 전략이자 성공의 열쇠다.

AI 구독 시대를
살아가는 법

"AI는 마치 거대한 파도와 같습니다. 이 파도에 맞서 싸우는 것은 불가
능합니다. 대신 우리는 이 파도를 타는 법을 배워야 합니다. 그리고 그
방법을 익힌 사람들은 이전에는 상상도 못 했던 곳까지 도달할 수 있을
것입니다."

국내 IT소재 기업의 K대표가 말한 이 비유는 AI 구독 시대를 살아가
는 우리가 어떤 자세를 가져야 하는지를 정확히 보여준다. 2025년, AI 구
독은 더 이상 선택의 영역이 아니다. 스마트폰이 그러했듯, 이제는 일상
과 업무에 없어서는 안 될 필수 요소가 되었다. 중요한 것은 이 거대한 변
화의 물결을 어떻게 삶 속에 자연스럽게 통합시키느냐이다.

대기업 마케터 C씨는 사내 AI 리터러시 교육을 수강하며 3개월 전부
터 AI 구독 서비스를 이용하기 시작했다.

"처음엔 너무 막막했어요. 어떤 서비스를 써야 할지, 어떻게 써야 할지도 몰랐죠. 그래서 매일 조금씩이라도 AI와 대화하자고 마음먹었어요. 외국어를 배우듯이요."

그녀의 접근은 단순했지만 강력했다. AI는 일종의 언어이고, 그 언어를 익히는 데에는 반복과 실천이 가장 효과적이다. 처음부터 완벽할 필요는 없다. 핵심은 일단 시작하는 데 있다. 강의를 진행하면서 저자는 수강생들에게 늘 이렇게 조언한다.

"AI를 만능 해결사로 여기는 것이 가장 큰 오해입니다. AI는 도구입니다. 망치가 집을 짓는 것이 아니라 목수가 짓듯, AI의 가치는 결국 그것을 사용하는 사람의 역량에 달려 있습니다."

AI 시대에 필요한 건 맹신이 아닌, 제대로 활용할 수 있는 균형 잡힌 인식이다. AI 구독은 준비된 사람에게 새로운 기회를 안겨준다.

"예전엔 고객 데이터 분석에만 일주일이 걸렸는데, 이제는 AI가 그 일을 한 시간 만에 해줍니다. 덕분에 더 창의적인 전략을 고민할 시간이 생겼고, 작년엔 승진도 했어요."

한 보험회사의 대리 H씨의 이야기다. 하지만 이런 기회는 늘 준비된 사람에게 먼저 찾아온다는 점을 기억할 필요가 있다.

AI 구독 시대를 성공적으로 살아가기 위해 기억해야 할 원칙은 세 가지다.

첫째, 지속적인 학습이 필수다. AI 기술은 하루가 다르게 발전한다. 어제의 지식이 오늘은 무용지물이 될 수 있다. 저자는 아무리 바빠도 매주 금요일 저녁, 두 아들과 함께 'AI 학습 시간'을 갖는다. 새로운 AI 툴을 함께 탐색하고 유튜브 영상을 보며, 활용 사례를 연구한다. 처음에는 다소 부담스럽게 느껴졌지만, 지금은 미래를 위한 소중한 투자이자 가족과의 의미 있는 시간이다.

둘째, 인간만의 강점을 발전시켜야 한다. AI는 데이터 처리나 반복 업무에 탁월하지만, 창의성과 감정적 공감은 여전히 인간의 몫이다. 한 임원은 이렇게 말했다.

> "AI가 반복적인 업무를 대신해주니까 팀원들과 더 많은 대화를 나눌 수 있게 됐습니다. 요즘은 업무 이야기보다 인생 이야기를 더 많이 하게 되네요."

AI가 인간적인 관계의 여유를 만들어주는 역설적인 변화도 가능하다는 이야기다.

셋째, 균형 잡힌 삶을 유지하는 것이 중요하다. AI가 업무 효율을 높여주는 동시에, 'AI 피로'나 '디지털 번아웃'을 유발할 수도 있다. 그래서 저자는 매일 저녁 8시부터 9시까지는 모든 AI 기기를 끄고 가족과 함께 보드게임을 하거나 대화를 나눈다. 이 시간은 일상의 균형을 회복시키는 소중한 장치가 된다. AI 역시 '균형 잡힌 활용'이 필요한 시대다.

AI 구독 시대는 도전이면서도 기회다. 이 시대를 잘 살아가기 위해서는 기술에만 의존하지 말고, 인간적인 가치와 지혜를 함께 추구하는 태도가 필요하다. AI는 결국 인간의 삶을 풍요롭게 하기 위한 도구일 뿐이다. 중요한 것은 우리가 그 도구를 어떻게 사용하느냐에 달려 있다.

지금 우리는 변화의 중심에 서 있다. 이 변화는 두렵고 낯설 수 있지만, 모든 혁신의 시대가 그러했듯 우리에게 새로운 가능성을 제시하고 있다. 당신이 구독하는 AI는 단순한 서비스가 아니다. 그것은 당신의 잠재력을 실현시키는 열쇠이며, 미래를 향한 전략적 투자다.

오늘 시작하는 작은 변화가 내일 당신의 큰 경쟁력이 될 수 있다. 두려워하지 말자. 망설이지 말자. 지금 당신의 경쟁자들은 이미 AI와 함께 성장하고 있다.

이제 선택의 순간이다. AI 구독 시대의 주인공이 될 것인가, 아니면 방관자로 남을 것인가. 선택은 당신의 몫이다. 하지만 한 가지 분명한 사실은, 당신에게는 아직 무한한 가능성이 있다는 것이다. AI는 그 가능성을 현실로 만들어줄 당신의 동반자가 되어줄 것이다.

"미래는 준비된 자의 것이다.
당신의 AI 구독이 그 미래를 열 것이다.
지금, 바로 이 순간부터."

에필로그

당신의 경쟁자는
이미 AI를 구독했다

지난 주말, 한 스타트업 대표와 저녁 식사를 했다. 그는 최근 신입 사원 채용 과정에서 흥미로운 경험을 했다고 말했다.

> "마지막 면접 단계에 올라온 두 후보가 있었어요. 경력도 비슷했고 실력도 막상막하였죠. 하지만 결정적인 차이가 있었습니다. 한 후보는 자신이 활용하는 AI 구독 서비스들을 체계적으로 관리하고 있었고, 이를 통해 어떻게 생산성을 높이고 있는지 구체적으로 설명할 수 있었어요. 반면 다른 후보는 AI에 대해 여전히 '배워보고 싶은 것' 정도로만 생각하고 있더군요. 선택은 자연스럽게 이루어졌습니다."

이 이야기는 우리가 직면한 현실을 정확하게 보여주고 있다. 2025년, 당신의 경쟁자는 더 이상 옆자리의 동료가 아니다. 당신의 진정한 경쟁자는 AI를 자신의 확장된 능력으로 활용하는 'AI 구독자'들이다.

이제 신세대 직장인들은 평균 7.3개의 AI 관련 구독 서비스를 이용한다. 하루 8시간의 업무 시간 동안 AI의 도움을 받아 이전에는 3일~4일 걸리던 작업을 하루 만에 완료한다. 프레젠테이션 작성, 데이터 분석, 보고서 작성, 회의록 정리 등 이 모든 것이 AI와의 협업을 통해 이루어진다.

> "처음에는 저도 AI 구독료가 아까웠어요. 매달 나가는 금액이 적지 않았거든요. 하지만 지금은 생각이 완전히 바뀌었습니다. AI 구독료는 제 능력을 확장하기 위한 투자였던 거죠. 실제로 작년에는 AI 덕분에 승진도 할 수 있었고요."

한 대기업 과장의 말이다. 그의 경험은 특별한 것이 아니다. 이제 AI 구독은 더 이상 선택이 아닌 필수가 되었다. 마치 과거 스마트폰이 그러했듯이, AI 구독은 우리의 일상과 업무에 필수불가결한 요소가 되어가고 있다.

하지만 여기서 중요한 것은 단순히 AI를 구독하는 것이 아니다. 관건은 이를 얼마나 효과적으로 활용하느냐에 있다. AI는 결국 도구일 뿐이다. 망치가 좋은 목수를 만드는 것이 아니라, 목수가 망치를 잘 활용해 멋지고 튼튼한 결과물을 만들어내는 것처럼, AI도 마찬가지다.

우리는 지금 거대한 변화의 물결 한가운데 있다. 이 물결은 피할 수 없다. 내가 이 AI 시대를 거부하고 피한다고 해서 오지 않는 것이 아니다. AI 업무 활용, AI를 활용한 공존은 이미 우리 곁에 와있다. 이제 중요한 것은 '이 물결을 어떻게 타느냐'다. AI 구독자들은 이 물결을 타고 새로운 지평을 향해 나아가고 있다. 그들은 AI를 단순한 도구가 아닌, 자신의 확장된 능력으로 받아들이고 있다.

당신은 어떤 선택을 하겠는가?

이 물결에 휩쓸려 가는 것과 이 물결을 타고 나아가는 것은 완전히 다르다. 전자는 피동적 희생자가 되는 것이고, 후자는 능동적 개척자가 되는 것이다. AI 구독 시대에서 성공하는 사람들은 후자의 길을 택한 이들이다.

> "가장 좋은 시작 시점은 10년 전이었고
> 두 번째로 좋은 시점은 바로 지금이다."

이 중국 속담은 중국의 투자자들과 사업가들 사이에서 자주 인용된다. AI 시대, AI 구독에 맞는 정말 찰떡같은 비유가 아닌가 싶다. 아직 시작하지 않았다면, 지금이 바로 그 시작의 순간이다. 당신의 경쟁자들은 이미 그 길을 걷고 있다. 이제 당신 차례다.

우리는 역사적인 변곡점에 서 있다. AI는 선택이 아닌 필수가 되었고, AI 구독은 생존을 위한 필수 요소가 되었다. 이 새로운 시대에 성공하기 위해서는 우리도 변화해야 한다. AI와 함께 성장하고, AI를 통해 우리의 능력을 확장하며, 궁극적으로는 AI와 함께 더 나은 미래를 만들어가야 한다. 여러분의 경쟁자는 이미 그 길을 걷고 있다는 사실을 기억하길 바란다.

> "이제, 선택의 순간이다.
> AI와 함께 새로운 미래를 만들어 갈 것인가.
> 아니면 과거에 머무를 것인가.
> 당신의 미래는 바로 지금의 선택에 달려 있다.
> 더 이상 망설일 시간이 없다.
> 이제는 당신 차례다."
> _저자 김동석

· 사용 방법 ·

STEP 1 QR 코드를 스캔하여 구매 인증을 완료하세요.

STEP 2 인증 확인 절차 후 1개월 무료 구독이 자동 등록됩니다.
(*매주 월요일 일괄 처리 예정)

STEP 3 릴리스 AI와 함께 일의 방식에 혁신을 더하세요.

AI 전략 수업

초판 1쇄 인쇄 2025년 6월 2일
초판 1쇄 발행 2025년 6월 17일

지은이 | 김동석
펴낸이 | 권기대
펴낸곳 | ㈜베가북스

주소 | (07261) 서울특별시 영등포구 양산로17길 12, 후민타워 6-7층
대표전화 | 02)322-7241 **팩스** | 02)322-7242
출판등록 | 2021년 6월 18일 제2021-000108호
홈페이지 | www.vegabooks.co.kr **이메일** | info@vegabooks.co.kr
ISBN | 979-11-94831-07-5 (03300)